Nathaniel Hawthorne

Miriam oder Graf und Künstlerin

Nach dem Englischen Transformation - 2. Band

Nathaniel Hawthorne

Miriam oder Graf und Künstlerin
Nach dem Englischen Transformation - 2. Band

ISBN/EAN: 9783743630093

Hergestellt in Europa, USA, Kanada, Australien, Japan

Cover: Foto ©ninafisch / pixelio.de

Weitere Bücher finden Sie auf **www.hansebooks.com**

Miriam

Oder:

Graf und Künstlerin.

Nach dem Englischen:

TRANSFORMATION

von

Nathaniel Hawthorne.

Deutsch von Clara Marggraff.

Autorisirte Ausgabe.

Zweiter Band.

Leipzig,

Voigt & Günther.

1862.

Erstes Kapitel.
Des Fauns Umwandlung.

Die Thür des Hofraums bewegte sich langsam und schloß sich von selbst. Miriam und Donatello waren jetzt allein zur Stelle. Sie schlug ihre Hände zusammen und blickte betäubt auf den jungen Mann, dessen Gestalt sich vergrößert zu haben schien, und dessen Augen von der wilden Energie leuchteten, welche ihn so plötzlich erfaßt hatte. Sie hatte ihn zu einem Mann gemacht; sie hatte in ihm eine geistige Kraft entwickelt, welche kein ursprünglicher Charakterzug des Donatello war, wie wir ihn vormals kannten. Aber jenes einfache und heitere Geschöpf war für immer verschwunden.

„Was habt Ihr gethan?" rief Miriam halb flüsternd, halb mit entsetztem Schrei.

Die Gluth der Raserei stand noch düster auf Donatello's Antlitz und blitzte jetzt wieder aus seinen Augen.

„Ich that, was mit einem Verräther gethan werden mußte!" erwiderte er. „Ich that, was mir Eure Augen zu thun geboten, als ich sie mit den meinen fragte, während ich den Elenden über den Abgrund hielt!"

Diese letzten Worte schmetterten Miriam nieder wie ein Donnerschlag. Konnte es so sein? Hatten ihre Augen zu dieser That aufgefordert oder ihr beigestimmt? Sie hatte es nicht gewußt. Aber ach! Auf den Wahnsinn und den Aufruhr der jetzt ausgeführten Handlung zurückblickend, konnte sie nicht leugnen — sie war nicht gewiß, ob es so oder anders sei — daß eine wilde Freude in ihrem Herzen aufgelodert war, als sie ihren Verfolger in seiner tödtlichen Gefahr erblickte. War es Entsetzen — oder Entzücken? — oder beides zugleich? Welcher Art auch ihre Gemüthsbewegung sein mochte, sie war wahnsinniger aufgeflammt, als Donatello sein Opfer über die Klippe schleuderte, und mehr und mehr, während sein Schrei unten verhallte. Mit dem dumpfen Schlag unten auf den Steinen war ein unaussprechliches Entsetzen über sie hereingebrochen.

„Und meine Augen hießen Euch, so zu thun?" wiederholte sie.

Sie beugten sich beide über die Brustwehr und blickten mit so furchtbarem Ernst nach unten, als ob ein unschätzbarer Schatz hinabgefallen sei, den man wieder heraufholen könne. Auf dem Pflaster unten war eine dunkle Masse, in einem Haufen liegend, mit wenig oder nichts Menschlichem in ihrem Ansehn, ausgenommen, daß die Hände ausgestreckt waren, als hätten sie für einen Augenblick nach den kleinen viereckigen Steinen gegriffen. Doch war jetzt keine Bewegung in ihnen. Miriam beobachtete den Haufen von Sterblichkeit, während sie hundert zählen konnte, was sie sich zu thun bemühte. Keine Bewegung; nicht ein Finger rührte sich!

„Ihr habt ihn getödtet, Donatello! Er ist völlig todt!" sagte sie. „Steintodt! Ich wollte, auch ich wäre so!"

„Meintet Ihr nicht, daß er sterben sollte?" fragte Donatello ernst, noch mit der Gluth jener Geisteskraft, welche die Leidenschaft in ihm hervorgerufen hatte. „Es war nur kurze Zeit, die Sache zu erwägen; aber er hatte seinen Proceß in jenen ein oder zwei Athemzügen, während welcher ich ihn über die Klippe hielt, und sein Urtheil in jenem einen Blick, als Eure Augen den meinen antworteten! Sagt, daß ich ihn gegen Euren Willen umgebracht habe — sagt, daß er ohne Eure vollkommene Zustimmung starb — und beim nächsten Athemzug sollt Ihr mich neben ihm liegen sehen."

„O, nie!" rief Miriam. „Mein einziger, wahrer Freund! Nie, nie, nie!"

Sie wendete sich ihm zu — das verbrecherische, blutbefleckte, einsame Weib — sie wendete sich zu ihrem Mitverbrecher, dem Jüngling, so kurz vorher noch unschuldig, welchen sie in ihr Verderben gezogen hatte. Sie preßte ihn fest, fest an ihre Brust, in enger Umarmung, welche ihre Herzen zusammenfügte, bis der Schrecken und die Todesangst eines jeden sich in eine einzige Leidenschaft, in eine Art fieberhaften Entzückens verschmolz.

„Ja, Donatello, Ihr sprecht die Wahrheit!" sagte sie; „mein Herz willigte in das, was Ihr thatet. Wir beide tödteten gemeinsam jenen Elenden. Die That verknüpft uns für Zeit und Ewigkeit wie die Knoten ener Schlange."

Sie warfen noch einen Blick auf den todten Haufen

da unten, um sich zu versichern, daß er wirklich todt sei; so wie ein Traum erschien das ganze Ereigniß. Dann wendeten sie sich von diesem verhängnißvollen Abgrund und traten Arm in Arm, Herz an Herz aus dem Hofraum. Instinctmäßig waren sie besorgt, sich nicht auf ein oder zwei Schritt Weite von einander zu trennen, aus Furcht vor den Schrecken der Zukunft, vor der tödtlichen Kälte, welche sie von jetzt an in der Einsamkeit anhauchen würde. Ihre That — das Verbrechen, welches Donatello ausgeführt, und Miriam im Augenblick gutgeheißen hatte — hatte sich, wie sie sagte, gleich einer Schlange in unaufhörlichen Banden um ihre beiden Seelen geschlungen und hatte sie durch ihre schreckliche, zusammenziehende Kraft in eins verkettet. Es war fester als ein Eheband. So innig war die Vereinigung in jenen ersten Momenten, daß es schien, als ob ihre neue Sympathie alle andern Bande vernichte, und als ob sie von der Kette der Menschheit abgelöst seien; eine neue Sphäre, ein eigenes Gesetz war für sie allein geschaffen worden. Die Welt konnte ihnen nicht nahe kommen; sie waren in Sicherheit!

Als sie die Treppenflucht erreichten, welche von dem Capitol hinabführt, hörten sie in der Entfernung Gesang und Gelächter. Rasch in der That war der Stoß der Krisis gewesen, welche gekommen und gegangen war. Dies war noch die Heiterkeit der Gesellschaft, welche noch soeben ihre Gefährten gewesen; sie erkannten die Stimmen, welche eine kurze Weile vorher mit ihren eigenen in Accorden und Cadenzen zusammen erklungen waren. Aber vertraute Stimmen waren dies nicht mehr; sie klangen unheimlich und gleichsam aus den Tiefen des Raumes; so entfernt schien alles, was der Vergangenheit dieser Verbrecher angehörte, in der moralischen Abgeschiedenheit, welche sich plötzlich um sie ausgebreitet hatte. Aber fest und immer fester verschmolz jetzt der Hauch der unermeßlichen Wüste, welche zwischen ihnen und der übrigen Menschheit lag, Eines in das Andere.

„O, Freund," rief Miriam, das Wort so aus ihrer Seele holend, daß es eine Fülle schweren Sinnes annahm. „O, Freund, seid Ihr Euch, so wie ich es bin, dieser Verbindung bewußt, welche unsere Herzen verknüpft?"

„Ich fühle es, Miriam," sagte Donatello. „Wir holen Einen Athem, wir leben Ein Leben!"

„Noch gestern," fuhr Miriam fort, „ja nur eine kurze halbe Stunde früher schauerte ich in einer eisigen Einöde. Nicht Freundschaft, nicht Schwesterschaft konnte nahe genug an mich herantreten, um die Wärme in meinem Herzen zu erhalten. In Einem Augenblick ist alles verändert! Es kann keine Einsamkeit mehr geben!"

„Keine, Miriam!" sagte Donatello.

„Keine, mein Schöner!" erwiderte Miriam, in sein Gesicht blickend, welches durch die Stärke der Leidenschaften ein höheres, ein fast heroisches Ansehen angenommen hatte. „Keine, mein Unschuldiger! Sicher ist es kein Verbrechen, welches wir begangen haben. Ein elendes, nichtswürdiges Leben ist geopfert worden, zwei andere Leben auf ewig zu verketten."

„Auf ewig, Miriam!" sagte Donatello; „mit seinem Blut verkettet!"

Der junge Mann schauderte bei dem Worte, das er selbst gesprochen hatte; vielleicht weil es seiner einfachen

Einbildungskraft etwas einprägte, wovon er früher nie geträumt hatte — die immer zunehmende Sündhaftigkeit einer Verbindung, welche in Verbrechen besteht. Verkettet mit Blut, das immer schäblicher und verderblicher nachwirken, aber um nichts bestoweniger gerade deshalb sie eng aneinander ketten mußte!

„Vergeßt es! werft alles hinter Euch!" sagte Miriam, voll Mitgefühls die Qual ahnend, welche sein Herz bebrängte. „Die That hat ihren Dienst gethan, und hat nun keine Existenz mehr."

Sie warfen, wie sie rieth, ihre Vergangenheit hinter sich, oder saugten aus ihr eine feurige Berauschung, welche hinreichte, sie triumphirend durch jene ersten Momente ihres Verderbens zu tragen. Denn auch das Verbrechen hat einen Moment der Entzückung. Der erste Erfolg eines Gesetzbruchs ist immer ein ekstatisches Gefühl von Freiheit. Und so bünsteten (aus ihrer dunklen Sympathie, auf deren Grund ein menschlicher Leichnam lag) eine Seligkeit oder ein Wahnsinn empor, welche, wie das unglückliche Paar sich einbildete, das für sie auf ewig verlorene Unschuldsgefühl wohl aufwögen.

Wie sich nun ihre Seelen so zu dem feierlichen Wahnsinn des Ereignisses erhoben, gingen sie vorwärts, — nicht schleichend, nicht furchtsam — sondern mit stolzem Gang und Aussehen. Die Leidenschaft verlieh ihrer Haltung für einen Augenblick einen Ausdruck von Abel. Sie gingen durch die Straßen von Rom, als ob auch sie zu den majestätischen und verbrecherischen Schatten gehörten, welche von längst vergangenen Tagen her die blutbefleckte Stadt heimgesucht haben. Und auf Miriam's Verlangen wen=

beten sie sich seitwärts, um stolz das Forum des Pompejus zu betreten.

„Hier wurde ja eine große That gethan!" sagte sie — „eine Blutthat, wie die unsere! Wer sagt uns, ob wir nicht die hohe und stets melancholische Brüderschaft von Cäsar's Mördern treffen und mit ihnen eine Begrüßung austauschen werden?"

„Sind sie jetzt unsere Brüder?" fragte Donatello.

„Ja! alle von ihnen," antwortete Miriam; „und viele andere, von denen die Welt wenig träumt, sind durch das, was wir in dieser Stunde gethan haben, zu unsern Brüdern und Schwestern gemacht worden!"

Und sie erzitterte bei dem Gedanken. Wo war nun die Abgeschiedenheit, die Entfernung, das wunderbare, einsame Paradies, in welches sie und ihr Gefährte durch ihr Verbrechen versetzt worden waren? Gab es wirklich keine solche Zuflucht, sondern nur ein dichtes Durcheinander und stoßendes Gedränge von Verbrechern? Und war es wahr, daß jede Hand, an der ein Blutfleck haftete, oder die Gift gereicht, oder ein Kind bei seiner Geburt erwürgte, oder eines schlafenden Ahnherrn Kehle gepackt und ihn seines wenigen, letzten Athems beraubt hatte, jetzt das Recht haben sollte, sich kamerabschaftlich ihren beiden Händen aufzudrängen? Ach, nur zu gewiß war dieses Recht vorhanden. Es ist ein schrecklicher Gedanke, daß eine Unthat den Einzelnen in die große Masse menschlicher Verbrecher verschmilzt, und uns, die wir nur von unserer kleinen vereinzelten Sünde träumten, zu Mitschuldigen aller Sündhaftigkeit macht. Und so waren Miriam und ihr Geliebter nicht ein abgesondertes Paar, sondern Glieder einer unzähl=

baren Brüderschaft von Verbrechern, alle einer vor dem andern schaudernd.

„Aber nicht jetzt; nur jetzt nicht!" murmelte sie für sich. „Heute Nacht wenigstens soll es keine Reue geben!"

Ziel- und absichtslos herumstreifend, wendeten sie sich in eine Straße, an deren einem äußersten Ende Hilda's Thurm stand. Es war ein Licht in ihrer hochgelegenen Stube; gleichfalls ein Licht an dem Schrein der Jungfrau; und der Schimmer dieser beiden war das erhabenste Licht unter den Sternen. Miriam zog Donatello am Arm, damit er stille stehe, und während sie in einiger Entfernung Halt machten und nach Hilda's Fenster blickten, sahen sie, daß sie sich näherte und das Fenster öffnete. Sie bog sich weit vor und erhob ihre gefalteten Hände gegen den Himmel.

„Das gute, reine Kind! Sie betet, Donatello!" sagte Miriam, mit einer Art einfacher Freude über die Frömmigkeit ihrer Freundin. Aber plötzlich fühlte sie sich von dem Bewußtsein ihrer eigenen Sündhaftigkeit ergriffen und rief mit der vollen Kraft ihrer Stimme: „Hilda, bete für uns, wir bedürfen es!"

Ob Hilda die Stimme hörte und erkannte, können wir nicht sagen. Das Fenster ward sogleich geschlossen und ihre Gestalt verschwand hinter den schneeig weißen Vorhängen. Miriam nahm dies als ein Zeichen, daß der Aufschrei ihrer verdammten Seele im Himmel nicht mehr gehört würde.

Zweites Kapitel.

Der Grabgesang.

Die Kirche der Kapuziner (wo, wie die Leser sich erinnern werden, einige unserer Bekannten eine Zusammenkunft verabredet hatten) steht von der Piazza Barberini ein wenig seitwärts. Dorthin, zur bestimmten Stunde, am Morgen nach den zuletzt beschriebenen Scenen richteten Miriam und Donatello ihre Schritte. Zu keiner Zeit sind die Menschen so darauf erpicht, ihre kleinen Verabredungen zu halten, ihre gewöhnlichen Geschäfte zu besorgen, und auf diese Weise dem Leben ein gewöhnliches Ansehen zu geben, — als wenn sie sich eines Geheimnisses bewußt sind, das, wenn sie desselben vor der Welt verdächtig würden, sie dem großen Publikum als Ungeheuer erscheinen lassen würde.

Doch wie matt und ermüdend ist der Eindruck aller gewöhnlichen Dinge im Gegensatz zu solch einer Thatsache! Wie krank und gebrochen ist am nächsten Morgen die Seele, welche noch die Nacht zuvor so Großes wagte! Wie eisig kalt ist das Herz, wenn die Gluth, der wilde

Wahnsinn der Leidenschaft verschwunden, und unter die todte Asche des Feuers, welches erst so heftig loderte und durch seine eigenste Lebenssubstanz genährt wurde, niedergesunken sind! Wie schwach wankt der Verbrecher vorwärts, wenn der Impuls jenes heftigen Wahnsinns von ihm gewichen ist, welcher ihn in die Schuld trieb, und ihn dann verrätherisch in der Mitte derselben im Stiche ließ!

Als Miriam und Donatello der Kirche nahe kamen, fanden sie nur Kenyon, ihrer an den Stufen wartend. Hilda hatte gleichfalls versprochen, sich einzustellen, war aber noch nicht erschienen. Als Miriam mit dem Bildhauer zusammentraf, zwang sie sich Stärke auf und es glückte ihr, eine erkünstelte heitere Laune hervorzubringen, welche auf jede, außer die durchdringendste Beobachtung die Wirkung einer natürlichen machte. Sie sprach mit dem Bildhauer bedauernd über Hilda's Abwesenheit und verletzte ihn etwas, als sie in Donatello's Gegenwart auf eine Zuneigung anspielte, welche nie offen eingestanden, obgleich vielleicht deutlich genug verrathen worden war. Er meinte, daß Miriam die Grenzen des delikatesten Zartgefühls nicht innezuhalten vermöge; er ging sogar soweit, sich dem Gedanken hinzugeben, daß dies Zartgefühl im Allgemeinen bei Frauen mehr als bei Männern vermißt werde, und daß es in seiner höchsten Ausbildung ein Attribut des männlichen Geschlechts sei.

Aber hiermit that Kenyon dem Geschlecht im Allgemeinen Unrecht, und vorzüglich dieser armen Miriam, welche kaum für ihre verzweifelten Anstrengungen heiter zu sein verantwortlich gemacht werden konnte. Ueberdies wird möglicherweise das zartere Empfindungsvermögen durch irgend welchen heftigen Stoß, wie großes Unglück oder großes Verbrechen, seines Haltpunktes beraubt, und die Wirkung davon wird dann bis in die unbedeutendsten Handlungen des Lebens verfolgt werden können.

„Saht Ihr etwas von dem lieben Kind, nachdem Ihr uns verlassen hattet?" fragte Miriam, die immer wieder auf Hilda, als den Hauptgegenstand ihrer Unterhaltung, zurückkam. „Schmerzlich vermißte ich sie auf meinem Weg nach Hause; denn nichts pflegt mir solche erheiternde und unschuldige Träume zu verschaffen, (ich habe das bereits zwanzigmal erfahren), als spät Abends ein Gespräch mit Hilda."

„Das will ich glauben," sagte der Bildhauer ernst; „doch es ist dies ein Vorzug, dessen ich mich selten oder nie zu erfreuen habe. Ich weiß nicht, was nach meiner Trennung von Euch aus Hilda geworden ist. Sie war während unseres Spazierganges keinen Augenblick meine besondere Begleiterin. Das Letzte, was ich sie thun sah, war, daß sie zurückeilte, um Euch in dem Hofraum des Palastes Caffarelli zu treffen."

„Unmöglich!" rief Miriam, zurückschreckend.

„Also saht Ihr sie nicht wieder?" versetzte Kenyon mit einiger Unruhe.

„Nicht dort," antwortete Miriam ruhig. „Ich folgte in der That der übrigen Gesellschaft dicht auf dem Fuße. Aber beunruhigt Euch wegen Hilda nicht; die heilige Jungfrau ist verpflichtet das gute Kind zu beschirmen, um der Pietät willen, mit welcher sie die Lampe in ihrem Schrein brennend erhält. Außerdem habe ich immer gefühlt, daß Hilda in diesen bösen Straßen Roms ebenso sicher ist wie ihre weißen Tauben, wenn sie von der Thurmspitze herabfliegen und unter den Füßen der Pferde hin und her hüpfen. Wenn für kein anderes menschliches Wesen, so gibt es doch sicher für Hilda eine Vorsehung."

„Ich glaube es gewiß," fügte der Bildhauer hinzu; „und doch würde mein Geist beruhigter sein, wenn ich wüßte, daß sie sicher auf ihren Thurm zurückgekehrt sei."

„Dann beruhigt Euch," antwortete Miriam. „Ich sah sie (und es ist der letzte angenehme Anblick, dessen ich mich erinnere), wie sie aus ihrem Fenster, mitten zwischen Erde und Himmel, hinauslehnte."

Kenyon blickte jetzt auf Donatello.

„Ihr scheint nicht heiter zu sein, mein theurer Freund," bemerkte er. „Diese matte römische Atmosphäre ist nicht der ätherische Wein, den Ihr zu Haus zu athmen gewöhnt waret. Ich habe Eure gastfreundliche Einladung, Euch diesen Sommer in Eurer Burg in den Apenninen zu besuchen, nicht vergessen. Es ist meine bestimmte Absicht zu kommen, versichere ich Euch. Wir werden uns beide nach einigen tiefen Zügen der Gebirgsluft besser befinden."

„Hoffen wir es!" bemerkte Donatello, ungewöhnlich finster; „als ich ein Kind war, schien das alte Haus ergötzlich. Aber wie ich mich seiner jetzt erinnere, war es auch ein grausiger Ort."

Der Bildhauer blickte aufmerksamer nach dem jungen Mann, und war erstaunt und erschreckt zu bemerken, wie der schöne, frische, natürliche Glanz völlig aus seinem Gesicht verschwunden war. Bisher, sogar wenn er vollkommen still stand, schien eine Art Möglichkeit, daß er irgend einen Sprung thun werde, in seinem Aussehen angedeutet; auch diese Eigenthümlichkeit war jetzt gänzlich verschwunden. All seine jugendliche Heiterkeit und mit ihr die Einfachheit seines Benehmens war verfinstert, wenn nicht durchaus erloschen.

„Ihr seid sicher krank, mein lieber Junge!" rief der Bildhauer.

„Bin ich? Vielleicht!" sagte Donatello gleichgültig. „Ich war nie krank, und weiß nicht, was es sein mag."

„Macht den armen Burschen nicht in der Einbildung krank," flüsterte Miriam, den Bildhauer am Aermel ziehend. „Er ist von einer Beschaffenheit, daß man ihm zutrauen kann, er werde sich plötzlich niederlegen und sterben, wenn er genöthigt wäre, solche melancholische Athemzüge zu thun, wie die, womit wir gewöhnliches Volk unsere Lungen zu belasten genöthigt sind. Aber wir müssen ihn von diesem alten, träumerischen und traurigen Rom hinwegbringen, wo niemand außer ihm je daran dachte, heiter zu sein. Roms Einflüsse sind zu trübe, um das Leben eines solchen Geschöpfes zu erhalten."

Die obige Unterhaltung war hauptsächlich auf den Stufen der Kapuzinerkirche vor sich gegangen; und Miriam erhob nun den ledernen Vorhang, der, wie dies in Italien bräuchlich, vor der Kirchthür hängt.

„Hilda hat ihre Zusage vergessen," bemerkte sie, „oder ihr jungfräulicher Schlummer ist diesen Morgen sehr gesund. Wir wollen nicht länger auf sie warten."

Sie traten in das Schiff. Das Innere der Kirche war von mäßigem Umfang, aber guter Architectur, mit

einem gewölbten Dach über dem Schiff, und einer Reihe
düsterer Kapellen an jeder Seite, statt der gebräuchlichen
Seitenflügel. Jede Kapelle hatte ihren Heiligen-Schrein,
rings mit Opfern umhangen, jede ihr Gemälde über dem
Altar, und zwar, wenn es von einem berühmten Meister
herrührte, dicht verhangen; und jede ihre heiligen Wachskerzen, die fortwährend brennend erhalten wurden, um die
Andacht der Anbeter zu erregen. Das Pflaster des Schiffes war größtentheils von Marmor, sah alt und zerbrochen
aus und war hier und da ärmlich mit Mauersteinen aus-
gebessert; überdies auch mit Grabsteinen von mittelalter-
lichem Geschmack geflickt, auf welchen seltsam ausgehauene
Figuren, Portraits in Basreliefs und lateinische, durch
darüber hingegangene Fußtritte unleserlich gewordene Inschriften sich befanden. Die Kirche gehört zu einem Kloster
von Kapuzinermönchen; und wie gewöhnlich geschieht,
wenn eine ehrwürdige Brüderschaft solch ein Gebäude in
Obhut hat, schien der Fußboden nie gescheuert oder gekehrt
worden zu sein, und hatte so wenig wie eine Hundehütte
das Ansehen von Heiligkeit; während in allen Kirchen von
Nonnenklostern die jungfräuliche Schwesterschaft stets die
Reinlichkeit ihres eigenen Herzens auch durch jungfräuliche
Reinlichkeit an Wänden und Pflaster bekundet.

Als unsere Freunde die Kirche betraten, ruhten ihre
Augen plötzlich auf einem bemerkenswerthen Gegenstand im
Mittelpunkt des Schiffes. Es war entweder der wirkliche
Körper, oder wie beim ersten Blick angenommen werden
konnte, das künstlich gearbeitete Wachsgesicht und die bem
gemäß bekleidete Figur eines todten Mönches. Dieses
Bild von Wachs oder dieser eiskalte menschliche Körper

lag auf einer leicht erhöhten Bahre, mit drei großen brennenden Lichtern an jeder Seite, einem andern großen Licht zu Kopf und einem zu Fuß. Die Musik in der Kirche stand in Harmonie mit einem solchen Traueranblick. Unter dem Pflaster der Kirche hervor quoll die tiefe, traurige Weise eines De Profundis, welches wie ein dumpfer Ton des Grabes selbst erklang; so furchtbar brauste es durch die Todtenwölbungen und strich hinweg über die flachen Grabsteine und traurigen Inschriften, die Kirche wie mit Massen dunkeler Mystik erfüllend.

„Ich muß mir jenen todten Mönch näher betrachten, ehe wir die Kirche verlassen," bemerkte Kenyon. „Bei dem Studium meiner Kunst habe ich manch einen Wink, welchen das Leben mir nicht geben konnte, von dem Tod erhalten."

„Ich kann es wohl begreifen," antwortete Miriam. „Ein Gebilde von Thon ist leicht dem anderen nachgebildet. Doch laßt uns erst Guido's Gemälde betrachten. Das Licht ist jetzt günstig."

Demgemäß wendeten sie sich zur ersten Kapelle rechter Hand, wenn ihr das Schiff betretet; und dort sahen sie — wirklich nicht das Gemälde — sondern einen dicht geschlossenen Vorhang. Die Geistlichen Italiens tragen kein Bedenken, den eigentlichen Zweck, für den ein Werk heiliger Kunst geschaffen worden ist, aufzuopfern, den Zweck nämlich, den Weg für religiöses Gefühl durch das schnelle Medium des Sehens zu öffnen, indem Engel, Heilige und Märthrer sichtbar erdenwärts gebracht werden; diesen hohen Zweck und, wie sie wissen, mit ihm die Wohlfahrt vieler Seelen, geben sie auf für die Aussicht auf eine armselige

Belohnung. Jedes Werk von einem berühmten Künstler ist hinter einem Vorhang verborgen, und wird selten enthüllt, ausgenommen für Protestanten, welche es als Gegenstand der Andacht gering und einzig und allein seines künstlerischen Verdienstes wegen schätzen.

Der Sakristan war indessen schnell gefunden und verlor keine Zeit, den jugendlichen Erzengel, der seinen göttlichen Fuß auf das Haupt seines niedergeworfenen Widersachers setzt, zu enthüllen. Es war ein Bild jenes größten aller zukünftigen Ereignisse, auf welche wir so inbrünstig hoffen — wenigstens so lang wir jung sind — das aber sehr lange auf sich warten läßt — der Triumph des Guten über das böse Prinzip.

„Wo kann Hilda sein?" rief Kenyon. „Es ist nicht ihre Art, bei einer verabredeten Zusammenkunft zu fehlen; und die gegenwärtige war allein ihretwegen veranstaltet. Sie selbst ausgenommen, stimmten wir ja alle, wie Ihr wißt, in unserer Auffassung des Bildes überein."

„Aber wir hatten Unrecht und Hilda Recht," sagte Miriam, seine Aufmerksamkeit auf den Punkt lenkend, bei welchem die Nacht vorher ihr Disput begonnen hatte. „Es ist nicht leicht, ihr einen Irrthum nachzuweisen in Betreff irgend eines Gemäldes, auf welchem ihre klaren, sanften Augen geruht haben."

„Und sie hat wenig Gemälde so sehr wie dieses studirt und bewundert," bemerkte der Bildhauer. „Kein Wunder; denn es gibt kaum ein anderes so schönes in der Welt. Welch ein Ausdruck himmlischen Ernstes im Angesicht des Erzengels. Schmerz, Sorge und Abscheu darüber, mit der Sünde, wenn auch zu dem Zweck sie zu vernichten und zu bestrafen, in Berührung gebracht worden zu sein, sprechen sich in seinem Antlitz aus; und doch durchdringt sein ganzes Wesen eine himmlische Ruhe."

„Ich bin nie im Stande gewesen," sagte Miriam, „dieses Gemälde in seiner sittlichen und intellectuellen Bedeutung in einem so hohen Grade zu bewundern, als Hilda. Wenn es ihr mehr Anstrengung kostete gut zu sein; wenn ihre Seele weniger rein und lauter wäre, würde sie eine competentere Beurtheilerin dieses Gemäldes sein, und es nicht halb so hoch schätzen. Ich sehe seine Unvollkommenheiten heute klarer denn je vorher."

„Und welche sind sie?" fragte Kenyon.

„Dieser Erzengel selbst," fuhr Miriam fort; „wie schön er aussieht, mit seinen bewegungslosen Flügeln, mit seinem schartenlosen Schwert, und in seiner glänzenden Rüstung; und dann jene vorzüglich passende himmelblaue Tunika, nach der neuesten paradiesischen Mode geschnitten! Mit welch' halb verächtlicher Zartheit er seine zierlich mit Sandalen versehenen Füße auf seinen niedergeworfenen Gegner setzt! Aber sieht die Tugend so aus, gleich einen Augenblick nach ihrem schweren entscheidenden Kampfe mit dem Bösen? Nein, nein! Ich hätte es Guido besser sagen können. Ein volles Drittheil von den Federn des Erzengels müßten aus seinen Flügeln gerissen sein; der ganze Rest sich aufsträubend, bis sie wie die des Satans selbst aussehen! Sein Schwert sollte von Blut strömen und vielleicht bis zur Hälfte des Gefäßes zerbrochen sein; seine Rüstung zerdrückt, sein Kleid zerrissen, seine Brust blutend; eine blutende Wunde sollte er an der Stirn haben, gerade über dem kriegerisch flammenden Auge! Er sollte seinen

Fuß fest auf die alte Schlange niederpressen, als ob seine eigene Seele davon abhinge, zweifelnd, ob das Gefecht bereits halb vorüber sei, und wie der Sieg sich wenden werde! Und bei all dieser Wildheit, dieser Furchtbarkeit, diesem unaussprechlichen Grauen, sollte sich doch noch etwas Erhabenes, Sanftes und Heiliges in Michael's Augen und um seinen Mund aussprechen. Niemals war der Kampf ein solches Kinderspiel, wie bei diesem schönen Erzengel Guido's."

„Um des Himmels willen, Miriam," rief Kenyon, über die wilde Energie ihrer Rede erstaunt. „Malt das Gemälde von dem Kampf des Menschen gegen die Sünde nach dieser Eurer eigenen Idee! Ich denke, es müßte ein Meisterstück werden."

„Das Gemälde würde seinen Theil Wahrheit haben, versichere ich Euch," antwortete sie; „aber ich fürchte ernstlich, der Sieg würde auf die unrechte Seite fallen. Jetzt stellt Euch einen rauchgeschwärzten Dämon mit funkelnden Augen vor, diesen zarten, jungen Engel niedertretend, und seine weiße Kehle mit einer seiner hintern Klauen packend, indem er eine triumphirende Bewegung mit seinem schuppigen Schwanz, mit einem am Ende befindlichen giftigen Pfeile, macht! Das ist es, was die armen Seelen wagen, welche mit Michael's Feinde kämpfen."

Es fiel jetzt Miriam vielleicht plötzlich ein, daß ihre geistige Qual sie zu einer ungebührlichen Lebhaftigkeit angetrieben; denn sie hielt jetzt plötzlich inne und wandte sich von dem Gemälde, ohne weiter ein Wort darüber zu sagen, hinweg. Die ganze Zeit über war es Donatello sehr unbehaglich gewesen, indem er scheue und fragende Blicke nach dem todten Mönch warf, als könnte er, von Furcht ergriffen, nirgends anders hinblicken, als auf diesen geisterhaften Gegenstand. Der Tod hat vermuthlich etwas besonders Erschreckendes und Häßliches, wenn er der Anschauungskraft einer von Natur so heitern Person, wie Donatello, der vollkommen nur in dem gegenwärtigen Augenblick lebte, so nahe gerückt wird.

„Was gibt es, Donatello?" flüsterte Miriam schmeichelnd. „Ihr seid ganz aufgeregt, mein armer Freund! Was ist Euch?"

„Diese erschütternde Musik unter der Kirche hervor drückt mich nieder," antwortete Donatello, „die Luft ist so schwer von ihr, daß ich kaum athmen kann. Und jener todte Mönch! Es ist mir, als läge er über meinem Herzen."

„Fasset Muth!" flüsterte sie wieder, „kommt, wir wollen dich an den todten Mönch herantreten. Das Einzige, was man in solchen Fällen thun kann, ist, dem gräßlichen Entsetzen recht ins Antlitz zu blicken; nur keinen Seitenblick oder Halbblick, denn sie gerade sind es, welche ein schreckhaftes Ding in seinem furchtbarsten Aussehen zeigen. Lehnet Euch an mich, theuerster Freund! Mein Herz ist stark genug für uns beide, sehr stark! Seid muthig, und alles ist gut."

Donatello wich einen Augenblick zurück, preßte sich aber dann dicht an Miriam's Seite und duldete, daß sie ihn zu der Bahre heranführte. Der Bildhauer folgte. Eine Anzahl Personen, hauptsächlich Weiber, mit einigen Kindern darunter, standen um den Leichnam; und als unsere drei Freunde nahe kamen, kniete eine Mutter nieder und veranlaßte auch ihren kleinen Knaben zu knien, beide küßten dann den Rosenkranz und das Crucifix, welche von dem Gürtel des Mönches herabhingen. Wahrscheinlich war er in dem Ruf der Heiligkeit gestorben; jedenfalls aber hatten der Tod, sein brauner Kittel und seine Kapuze ein Heiligenbild aus diesem ehrwürdigen Vater gemacht.

Drittes Kapitel.

Der todte Capuziner.

Der todte Mönch war, wie im Leben, in die braune wollene Kutte der Kapuziner gekleidet, und die Kapuze über den Kopf gezogen, aber so, daß sie die Gesichtszüge und einen Theil des Bartes unbedeckt ließ. Sein Rosenkranz und Kreuz hingen an seiner Seite; seine Hände waren über der Brust gefaltet; seine Füße (er war während seines Lebens der Bruder eines Barfüßerordens, und fuhr fort, es im Tode zu sein) ragten unter seiner Kleidung hervor, steif und starr, mit einem mehr wachsähnlichen Ansehn, als selbst sein Antlitz. Sie waren an den Knöcheln mit einem schwarzen Band zusammengebunden.

Das Gesicht, wie wir bereits gesagt haben, war völlig frei gelassen. Es hatte eine dunkelrothe Farbe, der Blässe eines gewöhnlichen Leichnams unähnlich, aber ebenso wenig der Röthe des natürlichen Lebens gleichend. Die Augenlider waren nur theilweise niedergezogen, und zeigten unten die Augäpfel, als ob der dahingeschiedene Ordensbruder einen Blick nach den Zuschauern werfe, um zu beobachten, ob sie von der Feierlichkeit seines Leichenbegängnisses genügend ergriffen seien. Die buschigen Augenbrauen gaben dem Blick einen Ausdruck von Strenge.

Miriam trat zwischen zwei der brennenden Kerzen und stand dicht zur Seite der Bahre.

„Mein Gott!" murmelte sie. „Was ist das?"

Sie ergriff Donatello's Hand, und in demselben Augenblicke fühlte sie, daß er krampfhaft zusammenschauderte, was, wie sie wußte, von einem plötzlichen und schrecklichen Schlag des Herzens herrührte. Seine Hand wurde plötzlich wie Eis in der ihrigen, welche gleichfalls eine solche Eiskälte annahm, daß ihre dadurch unempfindlich gewordenen Finger hätten klappernd aneinanderschlagen können. Kein Wunder, daß ihr Blut gerann; kein Wunder, daß ihre Herzen schlugen und pulsirten! Das todte Gesicht des Mönchs, unter seinen halbgeschlossenen Augenlidern auf sie starrend, war das nämliche Antlitz, welches die vergangene Mitternacht bis auf ihre entblößten Seelen geblickt hatte, als Donatello ihn über den Abgrund schleuderte.

Der Bildhauer stand an dem Fuß der Bahre und hatte die Gesichtszüge des Mönchs noch nicht gesehen.

„Jene bloßen Füße!" sagte er. „Ich weiß nicht weshalb, aber sie rühren mich eigenthümlich. Sie gingen hin und wieder auf dem harten Pflaster Roms und durch hundert andere rauhe Wege des Lebens, auf welchen der Mönch für seine Brüderschaft bettelnd wandelte; die Kreuzgänge und traurigen Corridore seines Klosters entlang, von seiner Jugend auf! Es ist eine verführende Idee, diese abgezehrten Füße rückwärts durch all die Pfade, die sie betreten haben, zu verfolgen, seit der Zeit, da sie die zarten, rosigen, kleinen Füße eines Säuglings waren und (kalt wie sie jetzt sind) in der Hand seiner Mutter warm gehalten wurden."

Als seine Gefährten, welche der Bildhauer dicht neben sich glaubte, auf seine melancholischen Phantasien keine Antwort gaben, blickte er auf und sah sie am Kopfende der Bahre. Er begab sich dorthin.

„Ha!" rief er.

Er warf einen von Entsetzen ergriffenen und verwirrten Blick auf Miriam, wandte ihn aber sogleich hinweg. Nicht daß er einen bestimmten Verdacht oder vielleicht auch nur eine entfernte Idee hatte, daß sie für dieses Mannes plötzlichen Tod auch nur im geringsten Grade verantwortlich gehalten werden könnte. Es war in der That ein zu sonderbarer Gedanke, Miriam's beharrlichen Verfolger und den Vagabunden der vorhergehenden Nacht wirklich mit dem todten Kapuziner von heute in Zusammenhang zu bringen. Aber Kenyon war, wie es dem Bekenner einer die Einbildungskraft in Anspruch nehmenden Kunst anstand, mit einer ausgezeichnet schnellen Empfänglichkeit begabt, welche fähig war, ihm Andeutungen über den wahren Verhalt von Dingen zu geben, welche außer seinem gewöhnlichen Gesichtskreis lagen. Ein Flüstern war in seinem Ohr; es sagte: „Still!" Ohne zu fragen weshalb, beschloß er, in Betreff der düsteren Entdeckung, die er gemacht hatte, Schweigen zu beobachten, und irgend einer Bemerkung oder freiwilligen Ausrufung Miriam's das Uebrige zu überlassen. Wenn sie nicht sprach, dann möge das Räthsel ungelöst bleiben.

Und jetzt ereignete sich ein Umstand, welcher zu phan=

tastisch erscheinen würde, um berichtet zu werden, hätte er nicht wirklich genau so wie wir ihn niederschreiben, stattgefunden. Als die drei Freunde bei der Bahre standen, sahen sie, daß ein kleiner Strom Blutes begonnen hatte, aus den Nasenlöchern des todten Mönches zu fließen; es floß langsam gegen das Dichte seines Bartes, wo es sich binnen ein oder zwei Augenblicken verbarg.

„Wie sonderbar!" stieß der Bildhauer hervor. „Der Mönch, glaube ich, starb am Schlag oder durch irgend welches plötzliche Ereigniß, und das Blut ist noch nicht geronnen."

„Betrachtet Ihr dies als eine hinreichende Erklärung?" fragte Miriam mit einem Lächeln, bei welchem der Bildhauer unwillkürlich seine Augen hinweg wendete. „Genügt es Euch?"

„Und warum nicht?" fragte er.

„Ohne Zweifel kennt Ihr den alten Aberglauben, der sich an diese Erscheinung des Blutfließens aus einem todten Körper knüpft," erwiderte sie. „Was können wir anders daraus schließen, als daß der Mörder dieses Mönches (oder möglicherweise nur sein privilegirter Mörder, sein Arzt) eben jetzt in die Kirche getreten sein müsse?"

„Ich kann nicht darüber scherzen," sagte Kenyon. „Es ist ein entsetzlicher Anblick!"

„Wahr, wahr, fürchterlich zu sehen, oder davon zu träumen!" erwiderte sie mit einem jener langen, zitternden Seufzer, welche so oft ein krankes Herz verrathen, indem sie unvermuthet entschlüpfen. „Wir wollen nicht weiter darauf blicken! Kommt hinweg, Donatello! Laßt uns dieser unseligen Kirche entfliehen! Der Sonnenschein wird Euch wohlthun."

Wann hatte je ein Weib Prüfungen, wie diese, zu ertragen! Und wie konnte sich Miriam die Identität des todten Kapuziners, der so ruhig und auf geziemende Weise in dem Schiff seiner Klosterkirche ausgestellt war, mit der Person ihres gemordeten, besinnungslos an den Abgrund geschleuderten Verfolgers erklären? Die Wirkung auf ihre Einbildungskraft war, als ob ein fremder und unbekannter Körper, während sie auf ihn blickte, in wunderbarer Weise die Aehnlichkeit jenes Antlitzes angenommen hätte, welches hinfort in ihrer Erinnerung so fürchterlich haftete. Es war vielleicht eine Vorandeutung jenes Fluches, durch welchen sie fortan dazu verurtheilt sein sollte, das Bild ihres Verbrechens in tausend Weisen auf sich zurückgeworfen, und das große ruhige Antlitz der Natur im Ganzen und in seinen unzählbaren Einzelnheiten in eine mannichfaltige Reminiscenz jenes einen todten Angesichtes sich verwandeln zu sehen.

Nicht sobald hatte sich Miriam von der Bahre hinweg gewendet und war wenige Schritte gegangen, als sie anfing, die Aehnlichkeit für eine völlige Sinnentäuschung zu halten, welche bei einer genaueren und kälteren Betrachtung verschwinden würde. Sie mußte deshalb und noch einmal wieder auf ihn blicken, oder sonst würde sich das Grab dicht über dem Antlitz schließen, und das schreckliche Wahnbild, welches sich damit verbunden hatte, unauslöschlich in ihrem Hirn befestigt lassen.

„Wartet einen Augenblick auf mich!" sagte sie zu ihren Gefährten. „Nur einen Augenblick!"

So ging sie zurück und blickte noch einmal auf den Leichnam. Ja, dies waren die Züge, welche Miriam so wohl gekannt hatte; dies war das Antlitz, dessen sie sich seit einer weit längeren Zeit erinnerte, als die vertrautesten ihrer Freunde argwöhnten; diese thönerne Gestalt hatte den bösen Geist enthalten, der ihre süße Jugend vergiftete und sie gleichsam zwang, ihre Weiblichkeit mit Verbrechen zu beflecken. Aber war es die Majestät des Todes, oder war es etwas ursprünglich Edles und Hohes in dem Charakter des Todten, was die Seele in der Hülle ausgeprägt hatte, als sie sie verließ — kurz, Miriam fühlte sich niedergeschmettert und erschüttert, nicht durch den gewöhnlichen Schauder eines solchen Schauspiels, sondern durch den strengen, vorwurfsvollen Blick, der zwischen diesen halbgeschlossenen Lidern hervorzukommen schien. Es ist wahr, nichtswürdigeres konnte es nichts geben, als dieser Mann während seiner Lebenszeit gewesen war. Sie wußte es; es war dies eine Thatsache, die unzweifelhafter in ihrem Bewußtsein feststand, als irgend eine andere; und doch, da ihr Verfolger nun im Asyl des Todes geborgen war, blickte er vorwurfsvoll auf sein Opfer und warf die Schuld auf sie zurück.

„Bist du es wirklich?" murmelte sie, schwer athmend. „Dann hast du kein Recht, so auf mich zu blicken! Aber bist du es wirklich oder eine Vision?"

Sie bog sich über den todten Mönch nieder, bis eine ihrer reichen Locken an seine Stirn streifte. Sie berührte eine seiner gefalteten Hände mit ihrem Finger.

„Er ist es!" sagte Miriam. „Da ist die Narbe, welche ich so wohl kannte, an seiner Stirn. Und es ist keine Vision; er ist meiner Berührung fühlbar! Ich will die Thatsache nicht länger in Zweifel ziehen, sondern mich mit ihr zurechtfinden, so gut es geschehen kann."

Es war wunderbar zu sehen, wie die Krisis in Miriam sofort die ihr eigene Kraft und die Fähigkeit entwickelte, den Forderungen zu genügen, welche sie an ihre Seelenstärke machte. Sie zitterte nicht mehr; die schöne Frau blickte ernst auf ihren todten Gegner, indem sie versuchte, dem anklagenden Blick zwischen seinen halbgeschlossenen Augenlidern zu begegnen und ihn zu vernichten.

"Nein; Du wirst mich nicht niederdrücken!" sagte sie. "Weder jetzt, noch wenn wir vereint vor dem Richterstuhl stehen! Ich habe keine Furcht davor, dich dort zu treffen. Lebe wohl, bis zu jener nächsten Begegnung!"

Uebermüthig mit ihrer Hand winkend, gesellte sich Miriam wieder zu ihren Freunden, welche an der Kirchthüre auf sie warteten. Als sie herausgingen, hielt sie der Sakristan an und schlug vor, ihnen die Begräbnißstätte des Klosters zu zeigen, wo die verstorbenen Glieder der Brüderschaft hingelegt sind, um in geweihter Erde zu ruhen, die vor langer Zeit von Jerusalem dahin gebracht war.

"Und wird jener Mönch dort begraben werden?" fragte sie.

"Der Bruder Antonio?" rief der Sakristan. "Sicher wird unser guter Bruder dort zur Ruhestätte bestattet werden! Sein Grab ist bereits gegraben, und der letzte Inhaber hat ihm Platz gemacht. Wollt Ihr es sehen, Signorina?"

"Ich will!" sagte Miriam.

„Dann entschuldigt mich," bemerkte der Bildhauer; „denn ich werde Euch verlassen. Dieser eine todte Mönch hat mich mehr als befriedigt; und ich bin nicht kühn genug, die ganze Sterblichkeit des Klosters in Augenschein zu nehmen."

Es war leicht, in Donatello's Blicken zu sehen, daß er so gut wie der Bildhauer einem Besuch auf dem berühmten Kirchhof der Kapuziner freudig entgangen sein würde. Doch Miriam's Nerven waren in einem solchen Grade angespannt, daß sie einen gewissen Trost und völlige Linderung erwartete, indem sie sich von einem geisterhaften Anblick zu einem andern von langangehäufter Häßlichkeit begab; und außerdem trieb sie eine Art Pflichtgefühl, nach dem letzten Ruheplatz des Wesens zu sehen, dessen Schicksal so schrecklich mit dem ihrigen verknüpft gewesen war. Sie folgte deshalb der Führung des Sakristans und zog ihren Gefährten mit sich, ihm im Gehen Muth zuflüsternd.

Der Begräbnißplatz ist unter der Kirche, aber völlig über dem Fundament, und durch eine Reihe eisenvergitterter Fenster ohne Glas erhellt. Ein Corridor läuft neben den Fenstern entlang und gewährt Zutritt zu drei oder vier gewölbten Vertiefungen oder Kapellen von bedeutender Breite und Höhe, deren Boden aus der geweihten Erde von Jerusalem besteht. Er ist vollkommen frei von Gras oder Unkraut gehalten, wie solches selbst in diesen düstern Vertiefungen wachsen würde, wenn man nicht Mühe darauf verwendete, sie auszurotten. Aber, da der Begräbnißplatz klein und es eine kostbare Bevorrechtigung ist, in geweihtem Grund zu schlafen, so ist die Brüderschaft seit undenklicher Zeit gewohnt, sobald eins ihrer Glieder stirbt, das am längsten begrabene Geripp aus dem ältesten Grabe herauszunehmen, und dafür den neuen Schlummerer hineinzulegen. Auf diese Weise genießt jeder der guten Mönche, sobald er an die Reihe kommt, den Luxus einer geweihten Ruhestätte, freilich unter der leichten Bedingung, gezwungen zu sein, gleichsam lange vor Tagesanbruch aufzustehen und einem neuen Bewohner Platz zu machen.

Die Anordnung der unbeerdigten Gerippe ist es, was das besondere Interesse des Begräbnißplatzes ausmacht. Die bogigen und gewölbten Mauern der Begräbnißvertiefungen sind durch massive Säulen und Pilaster gestützt, die aus Schenkelbeinen und Hirnschädeln zusammengesetzt sind; das ganze Material des Baues scheint von gleicher Art zu sein; die Knöpfe und erhabenen Verzierungen dieser merkwürdigen Bauart sind durch die Glieder des Rückgrates dargestellt, und die zarteren Verzierungen durch die kleineren Gebeine des menschlichen Körpers. Die Hochwölbungen der Bogen sind mit vollständigen Skeletten geschmückt, die so aussehen, als seien sie auf das Geschickteste in Basrelief gearbeitet. Es ist unmöglich, zu beschreiben, wie häßlich und grotesk die mit einem gewissen künstlerischen Verdienst verbundene Wirkung ist, noch wie viel verkehrter Scharfsinn in dieser wunderlichen Richtung aufgeboten worden, noch welch eine Menge todter Mönche, und durch wie viel hundert Jahre ihr Knochenwerk beigesteuert haben müssen, diese großen Bogen der Sterblichkeit aufzubauen. An einigen der Schädel sind Inschriften mit der Angabe, daß eben dieser Mönch an diesem oder jenem Tage und in diesem oder jenem Jahr starb; aber bei weitem die größere Zahl ist ohne Unterschied in dem architektonischen

Ganzen aufgehäuft, wie die vielen Leichen, welche die Eine Glorie eines Sieges bilden.

In den Seitenmauern der Gewölbe befinden sich Nischen, in welchen Mönchsgerippe sitzen oder stehen, in die braunen Gewänder gekleidet, die sie im Leben trugen, und mit ihren Namen und dem Datum ihres Abscheidens versehen. Ihre Schädel (einige ganz kahl, andere noch mit gelber Haut und Haaren, welche mit den Erdbünsten Bekanntschaft gemacht haben, bedeckt) sehen unter ihren Kapuzen grinsend und gräßlich zurückstoßend aus. Ein ehrwürdiger Vater hat seinen Mund weit geöffnet, als wäre er in der Mitte eines Geheuls von Schrecken und Reue verschieden, das vielleicht noch eben jetzt durch die Ewigkeit schreit. Wie gewöhnlich jedoch scheinen diese Skelette in Kittel und Kapuze ihrer Lage eine heitere Ansicht abzugewinnen und mit geisterhaftem Lächeln zu versuchen, sie in einen Scherz zu verwandeln. Aber der Begräbnißplatz der Kapuziner ist kein Platz, himmlische Hoffnungen zu nähren; die Seele sinkt verlassen und elend unter dieser ganzen Bürde staubigen Todes; die heilige Erde von Jerusalem, so durchdrungen ist sie von Sterblichkeit, ist so unfruchtbar an Blumen des Paradieses geworden, wie sie es an irdischem Gras und Unkraut ist. Dank dem Himmel für seine blaue Farbe, es bedarf eines langen Emporblickens, um uns unsern Glauben zurückzugeben. Nicht hier können wir uns unsterblich fühlen, hier, wo sogar die Altäre in diesen Kapellen voll schrecklicher Heiligkeit Haufen menschlicher Gebeine sind.

Doch laßt uns dem Begräbnißplatz das Lob geben, das er verdient. Es ist kein unangenehmer Duft da, wie bei der Verwesung so vieler heiliger Personen erwartet werden könnte, die im Geruch der Heiligkeit, in welchem immer es auch sei, dahingeschieden sind. Dieselbe Anzahl lebender Mönche würde nicht halb so ohne Geruch sein.

Miriam ging düster den Weg entlang, von einem gewölbten Golgatha zum andern, bis sie in der entferntesten Vertiefung ein offenes Grab erblickte.

„Ist das für ihn, der dort in der Kirche liegt?" fragte sie.

„Ja, Signorina, dies wird die Ruhestätte für Bruder Antonio sein, welcher sich in der verflossenen Nacht seinen Tod holte," antwortete der Sakristan; „und in jener Nische seht Ihr einen Bruder sitzen, welcher vor dreißig Jahren begraben wurde und auferstanden ist, um ihm Platz zu machen."

„Es ist kein befriedigender Gedanke," bemerkte Miriam, „daß Ihr armen Mönche nicht einmal Eure Gruft fortdauernd Euer eigen nennen könnt. Ihr müßt Euch, glaub' ich, in sie niederlegen mit einem fieberhaften Vorgefühl, gestört zu werden, gleich müden Menschen, welche wissen, daß sie um Mitternacht aus dem Bett gerufen werden sollen. Ist es nicht möglich (wenn Geld für diese Begünstigung bezahlt würde), Bruder Antonio — insofern das sein Name ist — in dem Besitz jenes engen Grabes zu lassen, bis die Posaune des Weltgerichts ertönt?"

„Auf keinen Fall, Signorina; weder ist es nöthig noch wünschenswerth," antwortete der Sakristan. „Ein Viertel von dem Schlafe eines Jahrhunderts in der süßen Erde von Jerusalem ist besser als tausend Jahre in irgend einer andern. Unsere Brüder finden dort gute Ruhe. Kein

Geist ward je gekannt, der sich aus dieser gesegneten Ruhe=
stätte hinweggestohlen hätte."

„Das ist gut," versetzte Miriam; „möge der, welchen
Ihr jetzt zur Ruhe legt, keine Ausnahme von der Regel
machen!"

Als sie den Begräbnißplatz verließen, füllte sie die
Hände des Sakristans mit Geld von einem Betrag, daß
seine Augen weit sich öffneten und glänzten, und sie bat
zugleich, daß es in Messen für die Ruhe von Vater Anto=
nio's Seele verwandt werden möge.

Viertes Kapitel.

Die Gärten Medici.

„Donatello," sagte Miriam besorgt, als sie durch die Piazza Barberini kamen, „was kann ich für Euch thun, mein geliebter Freund? Ihr zittert wie von dem kalten Anfall des römischen Fiebers."

„Ja," sagte Donatello; „mein Herz erschauert."

Sobald sie ihre Gedanken sammeln konnte, führte Miriam den jungen Mann zu den Gärten der Villa Medici, in der Hoffnung, daß der ruhige Schatten und Sonnenschein jenes köstlichen Ruheortes seinen Geist etwas beleben würden. Die Gärten sind dort in der alten Weise von geraden Gängen angelegt, mit Einfassungen von Buchsbaum, welcher Hecken von großer Höhe und Dichtigkeit bildet, und fast zu der Glätte einer Steinmauer geschnitten und zugerichtet ist. Es gibt dort grüne Baumgänge, mit weiten Aussichten, von Steineichen überschattet, und an jedem Durchschnittspunkte der Gänge findet der Besucher Ruheplätze von Stein, mit Lebekraut bedeckt, und Marmor-Statuen, welche ihn traurig anblicken, wie von Unmuth über ihre verlornen Nasen erfüllt. In den mehr offenen Theilen des Gartens, vor der mit Sculpturarbeit geschmückten Vorderseite der Villa, erblickt ihr Springbrunnen und Blumenbeete, und in ihrer Jahreszeit eine Fülle von Rosen, aus denen die heitere Sonne Italiens einen Wohlgeruch ablöst, welcher durch den nicht weniger angenehmen lauen Wind umhergestreut wird.

Aber Donatello fand kein Vergnügen an diesen Dingen. Er ging in stiller Apathie vorwärts und blickte mit seltsamen, halbwachen und irren Augen nach Miriam, wenn sie versuchte, seinen Geist mit dem ihrigen in gleiche Stimmung zu bringen und so sein Herz von der Bürde zu entlasten, welche drückend auf demselben lag.

Sie bat ihn, sich auf eine Steinbank niederzulassen, wo sich zwei Baumgänge kreuzten, sodaß sie die Annäherung jedes zufälligen Eindringlings schon in weiter Entfernung wahrnehmen konnten.

„Mein süßer Freund," sagte sie, eine seiner matt herabhängenden Hände mit der ihrigen fassend; „was kann ich sagen, um Euch zu trösten?"

„Nichts!" erwiderte Donatello mit düsterer Zurückhaltung. „Nichts wird mich jemals trösten können!"

„Ich nehme mein Elend auf mich," fuhr Miriam fort, „mein Verbrechen, wenn es Verbrechen ist — und, ob Verbrechen oder Elend, so werde ich damit fertig zu werden wissen. Aber Ihr, liebster Freund, der Ihr das vortrefflichste Geschöpf in dieser ganzen Welt waret und ein Wesen schient, an welches sich keine Sorge hängen konnte — Ihr, welchen ich halb zu einem Geschlecht gehörend wähnte, welches auf ewig verschwunden ist, Ihr, nur übrig geblieben um der Menschheit zu zeigen, wie angenehm und freudevoll das Leben in einem längst dahin geschwundenen Zeitalter zu sein pflegte — was habt Ihr mit Kummer oder Verbrechen zu thun?"

„Sie kamen zu mir, wie zu andern Menschen," sagte Donatello brütend. „Ohne Zweifel war ich für sie geboren."

„Nein, nein; Sie kamen mit mir," erwiderte Miriam. „Mein ist die Verantwortung! Ach! Weshalb bin ich geboren? Warum trafen wir uns je? Warum scheuchte ich Euch nicht von mir, da ich doch wußte, da mein Herz es ahnte, daß die Wolke, in welcher ich wandele, Euch gleichfalls einhüllen würde!"

Donatello bewegte sich unbehaglich, mit der reizbaren Leidenschaftlichkeit, welche oft mit einer Stimmung träger Muthlosigkeit verbunden ist. Eine braune Eidechse, mit zwei Schwänzen — ein Monstrum, welches oft durch den römischen Sonnenschein erzeugt wird — lief über seinen Fuß und schreckte ihn auf. Dann saß er eine Zeitlang schweigend, und Miriam gleichfalls, indem sie versuchte, ihr ganzes Herz in Mitgefühl aufzulösen und es ganz auf ihn zu verschwenden, sei es auch nur zum Trost eines Augenblickes.

Der junge Mann erhob seine Hand zu seiner Brust, und unabsichtlich, da Miriam's Hand in der seinigen war, hob er sie mit ihr empor.

„Ich habe hier eine große Last!" sagte er.

Der Gedanke ergriff Miriam, obschon sie ihn standhaft niederbrückte, daß Donatello fast unmerklich schauderte, während er, seine eigene Hand gegen sein Herz pressend, die ihrige gleichfalls daran preßte.

„Stützt Euer Herz auf mich, Geliebtester!" begann sie von neuem. „Laßt mich seine ganze Bürde tragen; ich bin wohl im Stande, sie zu tragen; denn ich bin ein Weib und liebe Euch! Ich liebe Euch, Donatello! Ist kein Trost für Euch in diesem Geständniß? Blickt mich an! Ehedem war mein Anblick Euch angenehm. Blickt in meine Augen! Blickt in meine Seele! Sucht so tief Ihr wollt, Ihr werdet nie die Hälfte der Zärtlichkeit und Zuneigung ergründen, die ich hinfort für Euch hegen werde. Alles was ich von Euch verlange ist, daß Ihr die äußerste Selbstaufopferung annehmt (aber es wird für meine große Liebe kein Opfer sein), mit der ich das große Uebel, welches Ihr Euch meinetwegen zugezogen habt, zu heilen suche!"

Auf Miriam's Seite volle Inbrunst; auf der Donatello's düstres Schweigen.

„O, sprecht mit mir!" rief sie. „Versprecht mir wenigstens, nach und nach ein wenig glücklich zu sein!"

„Glücklich!" murmelte Donatello. „Ach, niemals wieder! niemals wieder!"

„Nie? Ach, das ist ein schreckliches Wort für mich!" antwortete Miriam. „Ein schreckliches Wort, um es auf das Herz eines Weibes fallen zu lassen, wenn sie Euch liebt und sich bewußt ist, Euer Unglück hervorgerufen zu haben! Wenn Ihr mich liebt, Donatello, sprecht es nicht wieder! Und sicher liebtet Ihr mich?"

„Ich that es," erwiderte Donatello düster und zerstreut.

Miriam ließ die Hand des jungen Mannes los, zugleich aber eine der ihrigen dicht neben der seinigen liegen, und wartete einen Augenblick, um zu sehen, ob er sich irgendwie bemühen würde, sie zurückzuerhalten. Sie setzte viel Vertrauen in diesen einfachen Versuch.

Mit einem tiefen Seufzer — wie wenn zuweilen ein Schlummernder in einem ängstlichen Traume sich herumwendet — wechselte Donatello seine Stellung, und schlug seine Hände vor sein Gesicht. Die angenehme Wärme eines römischen Aprils, welcher in den Mai übergeht, war in der Atmosphäre um sie her verbreitet; doch als Miriam diese unwillkürliche Bewegung sah und den Seufzer der Erleichterung hörte (denn so deutete sie ihn), da lief ein Schauer durch ihren ganzen Körper, als ob der eisigste Wind der Apeninnen über sie hinweg wehe.

„Er hat sich ein größeres Unrecht zugefügt, als ich träumte," dachte sie, mit unaussprechlichem Mitleid. „Ach, es war ein trauriger Mißgriff! Er könnte eine Art Segen in den Folgen seiner That gefunden haben, wäre er durch eine Liebe lebenskräftig genug, den Wahnsinn jenes schrecklichen Momentes zu überleben — mächtig genug, sich ihr eigenes Gesetz zu machen und sich heldenhaft gegen die natürlichen Gewissensbisse zu rechtfertigen. Aber einen fürchterlichen Mord begangen zu haben (und ein solcher war sein Verbrechen, wenn nicht Liebe den Impuls dazu gab), aus keinem triftigeren Grunde, als eines Knaben müßiger Phantasterei! Ich bemitleide ihn aus der innersten Tiefe meiner Seele! Was mich betrifft, so habe ich mein eigenes und Anbrer Mitleid aufgegeben."

Sie erhob sich von der Seite des jungen Mannes, und

stand mit einer traurigen, bedauernden Miene vor ihm; es war der Blick einer zerstörten, aber innig mitempfinden= den Seele.

„Donatello, wir müssen scheiden," sagte sie traurig, aber fest. „Ja, verlaßt mich! Kehrt zu Eurem alten Thurm in den Apenninen zurück, welcher die grünen Thä= ler überblickt, von welchen Ihr mir erzählt habt! Dann wird Euch alles, was vorbei ist, nur wie ein gräßlicher Traum erscheinen! Denn in Träumen schläft das Ge= wissen, und oft beflecken wir uns da mit Verbrechen, deren wir in unsern wachenden Augenblicken nicht fähig sein würden. Die That, welche Ihr vergangene Nacht zu thun schient, war nichts weiter als solch ein Traum; es war nichts Wirkliches in dem, was ihr zu begehen wähntet. Geht! und vergeßt alles!"

„Ach, das schreckliche Gesicht!" sagte Donatello, seine Hände über die Augen drückend. „Nennt Ihr das un= wirklich?"

„Ja; denn Ihr saht es mit träumenden Augen an!" erwiderte Miriam. „Es war unwirklich; und damit Ihr es so fühlen mögt, ist es nöthig, daß Ihr mein Gesicht nicht mehr seht. Einst mögt Ihr es schön gefunden haben; jetzt hat es seinen Zauber verloren. Doch würde es noch eine elende Macht behalten, die vergangene Täuschung zu= rückzurufen, und in ihrem Gefolge die Reue und Qual, welche Euer ganzes Leben verdunkeln würden. Verlaßt mich deshalb, und vergeßt mich!"

„Euch vergessen, Miriam!" sagte Donatello, etwas aus seiner stumpfsinnigen Verzweiflung sich emporraffend. „Wenn ich mich Eurer erinnern und Euch sehen könnte, getrennt von jenem fürchterlichen Antlitz, welches mich über Eure Schultern anstarrt, das wäre zum wenigsten eine Tröstung, wenn auch nicht eine Freude."

„Aber da Euch das Gesicht mit dem meinigen heimsucht," erwiderte Miriam, indem sie hinter sich blickte, „so müssen wir uns trennen. Lebt denn wohl! Aber wenn Ihr je in Angst, Gefahr, Schamgefühl, Armuth oder in sonst einer Qual, welche die heftigste, unter einer Last, welche die schwerste ist — nach einem Leben verlangen solltet, das sich gänzlich hingeben würde, nur um das Eure ein wenig zu erleichtern, dann rufet mich! Wie die Sache jetzt zwischen uns steht, habt Ihr mich theuer erkauft und findet mich von geringem Werth. Stoßt mich deshalb hinweg! Mögt Ihr meiner nie mehr bedürfen! Aber anderntheils wird ein Wunsch — ein fast ungeäußerter Wunsch — mich zu Euch bringen!"

Sie stand einen Augenblick, eine Antwort erwartend. Doch Donatello's Augen waren wieder niedergerichtet, und er hatte in seinem verwirrten Geist und seinem überlasteten Herzen kein Wort der Erwiderung.

„Jene Stunde, von welcher ich spreche, möge nimmer kommen!" sagte Miriam. „So lebt wohl — lebt wohl auf ewig!"

„Lebt wohl!" sagte Donatello.

Seine Stimme drang kaum durch die Umhüllung ungewohnter Gedanken und Gemüthsbewegungen, welche wie eine dichte und düstere Wolke sich über ihn gebreitet hatten. Nicht unwahrscheinlich erblickte er Miriam durch solch ein mattes Medium, daß sie einer Vision gleich sah; nicht unwahrscheinlich hörte er sie nur in einem matten, schwachen Echo sprechen.

Sie wendete sich von dem jungen Mann, und so tiefes Mitleid sie mit ihm empfand, wollte sie diese schwere Trennung durch keine Umarmung oder selbst einen blosen Druck der Hand entweihen. Und so, so kurz nach dem Anschein so mächtiger Liebe und nachdem diese der Antrieb zu einer so schrecklichen That gewesen war, schieden sie, dem ganzen äußern Scheine nach, wie Leute, deren gegenseitiger Verkehr in eine einzige Stunde eingeschlossen war.

Und Donatello streckte sich, nachdem Miriam geschieden war, in voller Länge auf die Steinbank und zog seinen Hut über die Augen, wie es die müßigen und leichtherzigen Jünglinge des träumerischen Italiens zu thun gewöhnt sind, wenn sie sich in dem ersten bequemen Schatten niederlegen und einen Nachmittagsschlummer halten wollen. Eine Betäubung lag auf ihm, welche er irrig für eine solche Schläfrigkeit hielt, wie er sie in seinem vergangenen unschuldigen Leben gekannt hatte. Aber nach und nach erhob er sich langsam und verließ den Garten. Zuweilen zuckte der arme Donatello zusammen, als wenn er einen Schrei höre; zuweilen fuhr er zurück, als wenn ein Gesicht, furchtbar anzusehen, dicht an das seine gedrückt würde. In dieser traurigen Gemüthsstimmung, verwirrt durch die Neuheit von Sünde und Schmerz, zeigte er nur noch wenig von jener eigenthümlichen Aehnlichkeit, welche zu ihrer eigenen Belustigung seinen drei Freunden Veranlassung gab, in ihm den wahrhaften Faun des Praxiteles zu erkennen.

Fünftes Kapitel.

Miriam und Hilda.

Als sie die Gärten Medici verließ, fühlte sich Miriam in der Welt wie heimathlos, und da sie keinen besondern Grund hatte, den einen Platz mehr wie den andern zu suchen, überließ sie es dem Zufall, ihre Schritte zu lenken, wohin er wolle. So geschah es, daß sie, sich in die Krümmungen Roms verwickelnd, plötzlich Hilda's Thurm vor sich sah, bei dessen Anblick sie sich entschloß, zu des jungen Mädchens Behausung emporzuklimmen, und sie zu fragen, warum sie ihre Verabredung in der Kirche der Kapuziner gebrochen habe. Die Menschen verrichten oft die nichtigsten Handlungen ihres Lebens gerade in ihren schwersten und angstvollsten Augenblicken, sobaß es nicht Wunder nehmen dürfte, wäre Miriam nur durch ein solch unbedeutendes Motiv der Neugierde, wie wir es angegeben haben, dazu veranlaßt worden. Aber sie erinnerte sich gleichfalls und mit bebendem Herzen dessen, was der Bildhauer in Betreff Hilda's erzählt hatte, daß sie nämlich ihre Schritte nach dem Hofraum des Palastes Caffarelli zurückgewandt habe, um nach Miriam zu suchen. Wäre sie gezwungen gewesen, zwischen Schande in den Augen der ganzen Welt, oder in Hilda's Augen allein zu wählen, so würde sie ohne Zögern erstere gewählt haben, unter der Bedingung, fleckenlos in der Achtung ihrer seelenreinen Freundin zu bleiben. Deshalb war die Möglichkeit, daß Hilda Augenzeugin der Scene in vergangener Nacht gewesen sein könne, ohne Zweifel der Grund, welcher Miriam nach dem Thurm zog, sie aber auch, als sie sich näherte, zaudern und schwanken machte.

Als sie näher kam, nahm sie Zeichen wahr, welchen ihr zerstörter Geist eine schlimme Deutung gab. Von der luftigen Familie ihrer Freundin, den Tauben, duckten sich einige, indem sie ihre Köpfe wie betrübt in ihren Busen versteckten, in eine Ecke der Piazza; andere hatten sich auf die Köpfe, Flügel, Schultern und Posaunen der Marmorengel niedergelassen, welche die Façade der benachbarten Kirche schmückten; zwei oder drei hatten sich dem Schrein der Jungfrau anvertraut; und soviele als Platz finden konnten, saßen auf Hilda's Fensterbret. Aber jede von ihnen, so erschien es Miriam, hatte ein Ansehn von träger Erwartung und Enttäuschung — keine Flüge, keine Spielereien, kein girrendes Gemurmel; irgend etwas, was nöthig gewesen wäre, diesen Tag angenehm und heiter zu machen, war augenscheinlich aus der Geschichte dieses Tages weggefallen. Und außerdem waren Hilda's weiße Fenstervorhänge dicht geschlossen, jene eine kleine Oeffnung an der Seite ausgenommen, welche Miriam sich erinnerte, die Nacht zuvor bemerkt zu haben.

„Sei ruhig," sprach Miriam zu ihrem Herzen, ihre

Hand fest darauf pressend. „Weshalb solltest du jetzt klopfen? — Hast du nicht schrecklichere Dinge als diese ertragen?"

Was auch immer ihre Besorgnisse sein mochten, sie wollte nicht umkehren. Vielleicht durfte sie doch hoffen — und der Trost würde eine Welt werth gewesen sein —, daß Hilda, von dem Jammer der vergangenen Nacht nichts wissend, ihre Freundin mit einem sonnigen Lächeln begrüßen und so einen Theil der Lebenswärme wieder herstellen werde, deren Mangel ihr Herz zu Eis erstarrt hatte. Aber konnte Miriam, schuldig wie sie war, Hilda erlauben, ihre Wange zu küssen, ihre Hand zu drücken, um auf diese Weise nicht mehr so unbefleckt vor der Welt zu stehen, wie ehedem?

„Ich will ihre süße Berührung nie wieder dulden," sagte Miriam, mühsam die Treppe hinaufsteigend, „wenn ich genug Herzensstärke erlangen kann, es abzuwehren. Aber o! es würde so lindernd in dem winterhaften Fieberanfall meines Herzens sein. Ein bloser Abschiedskuß kann meiner Hilda keinen Nachtheil bringen. Ein Abschiedskuß — und mehr nicht!"

Aber als sie den obern Treppentheil erreichte, blieb Miriam stehen, und rührte sich nicht wieder, bis sie sich zu einem unerschütterlichen Entschluß aufgerafft hatte.

„Meine Lippen, meine Hände sollen denen Hilda's nie wieder begegnen," sagte sie.

Währenddem saß Hilda unthätig in ihrer Malerstube. Hättet ihr in das kleine Nebenzimmer geblickt, möchtet ihr den leichten Abdruck ihrer Gestalt auf dem Bette gesehen, zugleich aber auch entdeckt haben, daß die weiße Bettdecke nicht herabgenommen war. Das Pfühl aber war etwas zerwühlt, sie hatte ihr Gesicht darauf gepreßt, das arme Kind, und mit einigen jener Thränen bethauet (den schmerzlichsten, welche menschlichem Grame entfließen), die das unschuldige Herz bei seiner ersten wirklichen Entdeckung, daß Sünde in der Welt sei, ausschüttet. Junge und reine Herzen sind nicht im Stande, diese unselige Wahrheit herauszufinden, bis sie ihnen durch die Schuld eines vertrauten Freundes bekannt wird. Sie mögen viel von dem Bösen der Welt gehört haben, und scheinen es zu kennen, aber nur wie eine Art bloser Theorie. Aber es kommt die Zeit, wo irgend ein Sterblicher, der nur zu hoch von ihnen verehrt wird, durch die Vorsehung die Mission erhält, ihnen diese schreckhafte Lehre beizubringen; er verübt eine Sünde; und Adam fällt aufs neue, und das Paradies, vordem in unverwelkter Blüte, ist wieder verloren und schließt sich auf ewig, während die feurigen Schwerter an seinen Pforten schimmern.

Der Stuhl, auf welchem Hilda saß, war in der Nähe des Portraits der Beatrice Cènci, welches noch nicht von der Staffelei genommen war. Es ist eine Eigenthümlichkeit des Gemäldes, daß sein tiefster Ausdruck einem geradaus gerichteten Blick entgeht und nur durch Seitenblicke, oder wenn die Augen zufällig darauf fallen, aufgefangen werden kann; gerade als ob das gemalte Gesicht ein Leben und Bewußtsein seiner selbst habe, und entschlossen, sein Geheimniß von Schmerz oder Verbrechen nicht zu verrathen, dem wahrsten Merkzeichen nur dann hervorzutreten erlaube, wenn es sich ungesehen wähnt. Es ist kein anderer so wunderbarer Effect durch den Pinsel hervorgebracht worden.

Der Staffelei gegenüber hing ein Spiegel, welcher Beatrice's und Hilda's Gesicht zurückwarf. Bei einem müden, kraftlosen Wechsel ihrer Stellung warf Hilda zufällig ihre Augen auf das Glas, und nahm diese beiden Bilder mit einem einzigen, vorher nicht beabsichtigten Blick wahr. Sie wähnte — und nicht ohne Entsetzen — daß der Ausdruck Beatrice's, in einem Augenblick von der Seite gesehen und verschwindend, sich in ihrem eigenen Antlitz abgemalt habe und wie furchtsam daraus gewichen sei.

„Bin ich gleichfalls mit Verbrechen befleckt?" dachte das arme Mädchen, ihr Antlitz in den Händen verbergend.

Nicht so, Dank sei dem Himmel! Doch was das Bild Beatrice's betrifft, so geräth man dabei auf eine Theorie, welche ihren unaussprechlichen Schmerz und geheimnißvollen Schatten von Verbrechen erklären mag, ohne die Reinheit, welche wir jenem unglückseligen Mädchen beizumessen lieben, zu beeinträchtigen. Wer kann in der That auf diesen Mund — mit seinen Lippen halb geöffnet, unschuldig wie eines Säuglings, der geschrien hat — blicken, und Beatrice nicht für sündlos erklären! Es war das innere Bewußtsein von ihres Vaters Sünde, was diesen Schatten über sie warf, und sie in eine entfernte und unzugängliche Region zurückschreckte, in welche kein Mitgefühl gelangen konnte. Es war die Kenntniß von Miriam's Schuld, welche Hilda's Antlitz den falben Ausdruck verlieh.

Aber Hilda bewegte aufgeregt ihren Stuhl, damit die Bilder in dem Glas nicht länger sichtbar sein sollten. Sie beobachtete jetzt einen Streifen Sonnenscheins, welcher durch ein geschlossenes Fenster hineinfiel und sich von Gegenstand zu Gegenstand schmiegte, indem er jeden mit einer Berührung seines glänzenden Fingers verklärte und dann sie alle nacheinander verschwinden ließ. In gleicher Weise wanderte ihr Geist, in seiner natürlichen Heiterkeit dem Sonnenlicht so ähnlich, von Gedanken zu Gedanken, ohne daß er fand, woran er behaglich haften konnte. Nie zuvor hatte diese junge, kräftige, duldende Seele gewußt, was es heiße, muthlos zu sein. Es war die Unwahrhaftigkeit dieser Welt, welche sie so machte. Ihre theuerste Freundin, deren Herz das sicherste und reichste von Hilda's Gütern schien, war für sie nicht mehr vorhanden; und in dieser traurigen Oede, aus welcher Miriam geschieden war, waren der Kern, die Wahrheit, die Reinheit des Lebens, die Motive der Arbeit, die Freude des Erfolges zugleich mit ihr geschieden.

Es war längst Mittag vorüber, als ein Schritt die Treppe heraufkam. Er war schon jenseits der Grenzen, wo noch Zusammenhang mit dem untern Theil des Palastes war, und stieg die folgenden Stufen, welche einzig zu Hilda's Behausung führten, hinauf. So leise wie der Tritt auch war, so hörte und erkannte sie ihn doch. Er jagte ihr plötzliches Leben ein. Ihr erstes Gefühl war, an die Thür des Ateliers zu springen und sie mit Schloß und Riegel zu befestigen. Aber ein zweiter Gedanke ließ sie fühlen, daß dies ihrerseits eine unwürdige Feigheit sein würde, und daß Miriam — noch gestern ihre innigste Freundin — ein Recht hätte, in Erfahrung zu bringen, daß sie hinfort für immer geschieden sein müßten.

Sie hörte Miriam außen an der Thür anhalten. Wir

wissen bereits, was ihr Entschluß hinsichtlich eines Kusses oder Druckes der Hand zwischen Hilda und ihr war. Wir wissen nicht, ob dieser Entschluß noch ebenso fest stand. Jedenfalls aber schien sich Miriam diesmal in ein Gewand von Sonnenschein gekleidet zu haben, und als die Thür aufsprang, erschien sie in den ganzen Glanz ihrer merkwürdigen Schönheit gehüllt. Die Wahrheit war, ihr Herz drängte sich krampfhaft gegen die einzige Zuflucht, welche es hatte oder hoffte. Gewöhnlich zeigte Miriam in den Beweisen ihrer Zuneigung eine gewisse Zurückhaltung, wie sie gegenüber der Sanftheit ihrer Freundin angemessen war. Heute öffnete sie ihre Arme, Hilda darin aufzunehmen.

„Theuerste, geliebte Hilda!" rief sie. „Es gibt mir neues Leben, Dich zu sehen."

Hilda stand in der Mitte des Gemachs. Als ihre Freundin ein oder zwei Schritte von der Thür hineinwärts that, hielt sie ihre Hand mit einer unwillkürlich zurückweisenden Geberde vorwärts, so ausdrucksvoll, daß Miriam plötzlich einen tiefen Abgrund zwischen ihnen Beiden sich öffnen fühlte. Sie konnten eine nach der andern von der entgegengesetzten Seite blicken, doch ohne Aussicht darauf, einander je wieder nahe zu treten oder wenigstens, da der Abgrund nie überbrückt werden konnte, mußten sie den ganzen Kreis der Ewigkeit umgehen, um sich auf der andern Seite zu begegnen. Es lag sogar ein Entsetzen in dem Gedanken ihrer Wiederbegegnung. Es war, als sei Miriam oder Hilda todt, und als ob sie nicht länger in Verbindung bleiben könnten, ohne ein höheres Gesetz zu verletzen.

Doch in der Maßlosigkeit ihrer Verzweiflung trat Mi=

riam ihrer Freundin, die sie verloren hatte, um einen Schritt näher.

„Komm nicht näher, Miriam!" sagte Hilda.

Ihr Blick und Ton hatten etwas von kummervoller Bitte, und doch drückten sie eine Art Zuversicht aus, als ob sich das Mädchen eines Schutzes bewußt sei, welcher nicht verletzt werden könnte.

„Was ist zwischen uns vorgefallen, Hilda?" fragte Miriam. „Sind wir nicht Freundinnen?"

„Nein, nein!" sagte Hilda schaudernd.

„Wenigstens sind wir Freunde gewesen," fuhr Miriam fort. „Ich liebte Dich innig! Ich liebe Dich noch! Du warst mir wie eine jüngere Schwester; ja, theurer wie eine Schwester desselben Blutes; denn Du und ich waren so einsam, Hilda, daß die ganze Welt uns durch ihre Einöde und Entfremdung zusammenpreßte. Willst Du denn nicht meine Hand berühren? Bin ich nicht dieselbe wie gestern?"

„Leider nein, Miriam!" sagte Hilda.

„Ja, dieselbe — dieselbe für Dich, Hilda," erwiderte ihre verlorene Freundin. „Berührtest Du meine Hand, Du würdest sie Deiner Berührung so warm wie immer finden. Wärest Du krank oder leidend, würde ich Nacht und Tag für Dich wachen. In solch einfachen Diensten zeigt sich ja wahre Liebe, und so spreche ich von ihnen. Doch jetzt, Hilda, scheint mich Dein innerster Blick außer dem Bereich der Menschheit zu versetzen!"

„Ich bin es nicht, Miriam," sagte Hilda, „nicht ich, die dieses bewirkt hat."

„Du und nur Du, Hilda," erwiderte Miriam, durch

den zurückweisenden Ton, mit welchen ihre Freundin ihr entgegentrat, mehr und mehr zu ihrer Selbstvertheidigung aufgeregt. „Ich bin ein Weib, wie ich es gestern war; mit derselben Wahrheit der Natur, derselben Wärme des Herzens, derselben wahren und ernsten Liebe ausgerüstet, welche Du immer an mir gekannt hast. In keiner Beziehung, Hilda, bin ich verändert. Und glaube mir, wenn ein menschliches Wesen sich aus der ganzen Welt einen Freund erlesen hat, so kann nur eine Treulosigkeit, welche zwischen ihnen einen aufrichtigen Verkehr unmöglich macht, für beide Theile die Trennung gerechtfertigt erscheinen lassen. Habe ich Dich getäuscht? dann stoß' mich von Dir! Habe ich Dich persönlich beleidigt? dann vergieb mir, wenn Du kannst! Aber habe ich gegen Gott und Menschen gesündigt, und tief gesündigt — dann sei meine Freundin mehr denn je, denn ich bedarf dann Deiner um so mehr!"

„Suche mich nicht so zu verwirren, Miriam!" rief Hilda, die nicht umhin gekonnt hatte, durch Blick und Geberde die Qual auszudrücken, welche ihr diese Unterredung bereitete. „Wäre ich einer von Gottes Engeln, jeder Versündigung unfähig, und mit Gewändern angethan, die nie verunreinigt werden könnten, dann würde ich stets an Deiner Seite verweilen und versuchen, Dich aufwärts zu führen. Aber ich bin ein armes, alleinstehendes Mädchen, welches Gott in eine böse Welt gesetzt hat, dem er nur ein reines Gewand gegeben und ihr befohlen hat, es zu ihm zurückzubringen eben so rein, als da sie es anlegte. Dein mächtiges magnetisches Element würde für mich zu stark sein. Die reine, weiße Atmosphäre, in welcher ich die guten und wahrhaften Dinge zu unterscheiden suche, würden ihrer natürlichen Farbe beraubt werden. Und deshalb, Miriam, ehe es zu spät ist, denke ich diesem innern Erbeben meines Herzens, welches mich Dich hinfort zu meiden mahnt, Glauben zu schenken."

„Ach das ist hart! Ach das ist schrecklich!" sprach Miriam dumpf, indem sie den Kopf in ihre Hände sinken ließ. Wenige Augenblicke später blickte sie wieder empor, so bleich wie der Tod, doch mit ruhiger Fassung. „Ich sagte immer, Hilda, Du seist unbarmherzig; denn ich hatte eine Ahnung davon, selbst da Du mich am heftigsten liebtest. Du hast keine Sünde, noch irgend welchen Begriff davon, was sie ist, und deshalb bist Du so entsetzlich grausam! Als ein Engel magst Du im Rechte sein, aber als menschliches Geschöpf und als ein Weib unter Männern und Weibern bedarfst Du einer Sünde, um mild und weich zu werden."

„Gott vergieb mir," sagte Hilda, „wenn ich ein unnöthig hartes Wort sagte!"

„Es sei vergessen!" antwortete Miriam. „Ich, deren Herz es getroffen hat, vergebe Dir. Und sage mir, ehe wir uns trennen, was hast Du von mir gesehen oder in Erfahrung gebracht, seit wir uns zuletzt trafen?"

„Etwas Entsetzliches, Miriam!" sagte Hilda erbleichend.

„Siehst Du es in mein Gesicht geschrieben oder in meinen Augen gemalt?" forschte Miriam, indem sie ihre Qual in einem halb wahnsinnigen Scherz zu erleichtern suchte. „Ich möchte gern wissen, wie es die Vorsehung oder das Schicksal anstellt, Augenzeugen uns nahe zu bringen, die uns beobachten, wenn wir glauben in der tiefsten Einsamkeit zu handeln. Sah' es denn ganz Rom? Oder wenigstens nur eine heitere Gesellschaft von Künstlern? Oder ist eine Blutspur an mir, oder Todtengeruch in meinen Kleidern? Man sagt, daß monströse Häßlichkeiten aus den bösen Wesen hervorsprossen, welche einst liebenswürdige Engel waren. Spürst Du bereits solche in mir? Bei unserer frühern Freundschaft, Hilda, beschwöre ich Dich, sage mir alles was Du weißt!"

Auf diese Weise aufgefordert, und durch die wilde Leidenschaftlichkeit, welche Miriam nicht unterdrücken konnte, erschreckt, verstand sich Hilda dazu, zu erzählen, was sie gesehen hatte.

„Nachdem die Gesellschaft weiter gewandert, ging ich zurück, um mit Dir zu sprechen," sagte sie; „denn es schien eine Sorge auf Deinem Geiste zu lasten, die ich mit Deiner Erlaubniß mit Dir zu theilen wünschte. Das Thor des kleinen Hofraumes war theilweise geschlossen, aber ich stieß es auf, und sah drinnen Dich und Donatello und noch eine dritte Person, welche ich zuvor in dem Schatten einer Nische bemerkt hatte. Er näherte sich Dir, Miriam. Du knietest vor ihm! — Ich sah Donatello auf ihn zuspringen. Ich würde geschrien haben, doch meine Kehle war trocken. Ich würde vorwärts gesprungen sein, doch meine Glieder waren in die Erde gewurzelt. — Es war alles wie ein Blitz. Ein Blick flog von Deinen Augen zu denen Donatello's — ein Blick —"

„Ja, Hilda, ja!" rief Miriam mit gespannter Begierde. „Halte jetzt nicht ein! Dieser Blick?"

„Er offenbarte Dein ganzes Herz, Miriam," fuhr Hilda

fort, indem sie ihre Augen bedeckte, als wolle sie sich gegen die Erinnerung abschließen; "ein Blick von Haß, Triumph, Rache und gleichsam Freude über eine ungehoffte Erlösung."

"Ach! dann hatte Donatello Recht," murmelte Miriam, welche über den ganzen Körper zitterte. "Meine Augen geboten ihm, es zu thun! Weiter, Hilda!"

"Es ging alles so schnell — alles wie ein Schein des Blitzes," sagte Hilda, "und doch erschien es mir, als hätte Donatello während eines Athemzuges Zeit innegehalten. Aber dieser Blick! — O, Miriam, schone mich! Muß ich mehr sagen?"

"Nichts mehr, es ist nichts mehr nöthig, Hilda!" erwiderte Miriam, indem sie ihr Haupt neigte, als lausche sie dem Verdammungsurtheil eines höchsten Gerichts. "Es ist genug! Hinfort werde ich ruhig sein. Ich danke Dir, Hilda!"

Sie war im Begriff zu gehen, kehrte aber wieder von der Thürschwelle zurück.

"Dies ist ein schreckliches Geheimniß, in dem Herzen eines jungen Mädchens verwahrt!" bemerkte sie, "was wirst Du damit beginnen, mein armes Kind?"

"Der Himmel helfe und leite mich," antwortete Hilda in Thränen ausbrechend; "denn die Last drückt mich zur Erde nieder! Es scheint ein Verbrechen, so etwas zu wissen, und es für mich zu behalten. Es klopft beständig, drohend, flehend, unerbittlich an mein Herz, herausgelassen zu werden! O, meine Mutter — meine Mutter! Lebte sie jetzt, ich würde über Land und Meer reisen, ihr dies dunkle Geheimniß zu offenbaren, wie ich ihr die kleinen Sorgen meiner Kindheit mittheilte. Aber ich bin allein — allein!

Miriam, Du warst meine liebste, einzige Freundin. Rathe mir, was zu thun!"

Dies war ohne Zweifel eine ganz besondere Aufforderung von Seiten eines fleckenlosen Mädchens an das verbrecherische Weib gerichtet, welches sie eben jetzt von ihrem Herzen verbannt hatte. Aber es war auch ein schlagender Beweis für den Eindruck, welchen Miriam's natürliche Aufrichtigkeit und anfeuernde Großmuth auf die Freundin gemacht hatten, welche sie am besten kannte; und es that der armen Verbrecherin innig wohl, indem es ihr bewies, daß das Band zwischen Hilda und ihr noch bestand.

So weit sie es im Stande war, beantwortete Miriam des Mädchens Schrei nach Hülfe sogleich.

„Wenn ich es für Deinen Seelenfrieden für gut erachtete," sagte Miriam, „daß Du gegen mich im Angesicht der ganzen Welt Zeugniß für diese That ablegtest, so würde ich keinen Augenblick Rücksicht auf mich nehmen. Aber ich glaube, daß Du in solch einem Verfahren keine Erleichterung finden würdest. Was Menschen Gerechtigkeit nennen, liegt hauptsächlich in äußern Förmlichkeiten und gelangt nie zu der richtigen Anwendung, welche eine Seele wie die Deinige befriedigen würde. Ich kann nicht ehrlich von einem irdischen Tribunal abgeurtheilt und gerichtet werden, und hiervon, Hilda, würdest Du vielleicht ein verderbliches Bewußtsein erst dann erhalten, wenn es zu spät wäre. Römische Gerechtigkeit ist vor allen Dingen ein Trugbild. Was hast Du damit zu schaffen? Laß alle solche Dinge bei Seite! Indeß, Hilda, ich begehre nicht, daß Du mein Geheimniß in Deinem Herzen verschlossen behältst, wenn es sich mit Gewalt Luft zu machen sucht, und Dich wie ein wildes, boshaftes Gewürm sticht, sobald Du es wieder zurückdrängst. Hast Du keinen andern Freund, jetzt da Du gezwungen warst, mich aufzugeben?"

„Keinen andern!" antwortete Hilda traurig.

„Doch, Kenyon!" versetzte Miriam.

„Er kann mein Freund nicht sein," sagte Hilda, „weil — weil — es mir schien, als suche er etwas mehr zu sein."

„Fürchte nichts!" erwiderte Miriam, ihren Kopf mit einem eigenthümlichen Lächeln schüttelnd. „Diese Erzählung wird seine junge Liebe aus ihrem kleinen Leben schrekken, wenn es Dir darum zu thun ist. Offenbare ihm das Geheimniß, und bediene Dich seines klugen und humanen Raths, um danach Dein Thun zu regeln! Weiter weiß ich nichts mehr zu sagen."

„Ich träumte nie davon," sagte Hilda — „wie konntest Du es denken? — Dich der Gerechtigkeit zu verrathen. Aber ich sehe, wie es ist, Miriam! Ich muß Dein Geheimniß bewahren und daran sterben, wenn Gott mir nicht auf eine Art, welche jetzt noch außer meiner Denkungskraft liegt, einige Hülfe zu Theil werden läßt. Es ist nur zu schrecklich! Oh! nun begreife ich, wie die Sünden vergangener Generationen einen Dunstkreis von Sünde für die nachlebenden geschaffen haben. Weil eine einzige verbrecherische Person im Weltall ist, muß jeder Unschuldige seine Unschuld durch jenes Verbrechen gemartert fühlen. Deine That, Miriam, hat den ganzen Himmel verdunkelt!"

Die arme Hilda wendete sich von ihrer unglücklichen Freundin, sank in einer Ecke des Zimmers auf ihre Knie und war nicht zu bewegen, ein weiteres Wort zu äußern. Und Miriam sagte, mit einem langen schweren Blick von der Thürschwelle her, Lebewohl diesem Taubenneſt, diesem einen kleinen Winkel reiner Gedanken und unschuldiger Schwärmereien, in welchen sie solchen Kummer gebracht hatte. Ein jedes Verbrechen zerstört noch mehr Paradiese als nur unser eigenes!

Sechstes Kapitel.

Der Thurm in den Apenninen.

Es war im Juni, als der Bildhauer Kenyon zu Pferde an dem Thore eines alten Landhauses anlangte, welches wegen einiger seiner Bestandtheile fast eine Burg genannt werden könnte und in einem von dem gewöhnlichen Weg der Reisenden etwas entfernten Theile Toscanas gelegen war. Dorthin müssen wir ihn jetzt begleiten, und uns bestreben, unsere Erzählung vorwärts strömen zu lassen, gleich jenem kleinen Flüßchen, welches an einem großen Thurm vorüberfließt, der sich an der Hügelseite erhebt und ein weites, in das große Rahmenwerk der Apenninen eingefügtes Thal überblickt.

Der Bildhauer hatte Rom zu der Zeit verlassen, wo sich die Flut fremder Bewohner von dort zurückzuziehen pflegt. Denn wenn der Sommer kommt, ist die Niobe der Nationen in der Lage, von neuem und ohne Zweifel sehr aufrichtig, den Verlust jenes großen Theils ihrer Bevölkerung zu beklagen, welchen sie von andern Ländern empfängt und dem sie den Ueberrest von Wohlfahrt, dessen sie sich noch erfreut, zum großen Theil verdankt. Rom ist in dieser Jahreszeit mit atmosphärischen Schrecken durchdrungen und überhangen, und in einen verzauberten und tödtlichen Kreis gebannt. Die Menge wandernder Touristen wendet sich nach der Schweiz, an den Rhein, oder von dieser Centralheimat der Welt nach ihrer ursprünglichen Heimat in England oder Amerika, auf welche sie von nun an wie auf bloße Provinzen zu blicken geneigt sind, nachdem sie sich einmal dem Zauber der Ewigen Stadt gebeugt haben. Der Künstler, welcher eine Reihe von Wintern in dieser Heimat der Kunst an sich vorüber ziehen sah, obgleich er sich zuerst nur durch einen kurzen Besuch zu vervollkommnen beabsichtigte, geht zur Sommerzeit weiter, in dem toscanischen Hügelland Scenerien und Costüme zu skizziren und, wenn er kann, die Purpurluft Italiens über seine Leinwand zu ergießen. Er studirt die alten Schulen der Kunst in den Gebirgsstädten, in welchen sie entstanden waren, und wo ihre Schöpfungen noch in den verblichenen Frescomalereien von Giotto und Cimabue an den Mauern vieler Kirchen oder in den düstern Kapellen, in welchen der Sakristan den Vorhang von einem wie ein Schatz aufbewahrten Bilde von Perugino hinwegzieht, studirt werden können. Sodann begiebt sich der glückliche Maler nach Florenz, um hier die langen hellen Gallerien zu durchwandeln, oder er macht einen Ausflug nach Venedig, um glühende Farben von den wunderbaren Werken zu stehlen, welche er in einer Anzahl venetianischer Paläste findet. Solche Sommer wie diese, in der Mitte alles dessen zugebracht, was ausgezeichnet in der Kunst und wild und malerisch in der Natur ist, mögen ihn nicht unzuläng=

lich für die frostige Oede und die getäuschten Erwartungen entschädigen, worin er möglicherweise seinen römischen Winter hindurch hatte schmachten müssen. Dieses sonnige, schattige, luftige, wandernde Leben, in welchem er nach Schönheit wie nach seinem Schatz sucht und als seinen Winterhonig das einsammelt, was für alle andern Menschen nur ein vorübergehender Wohlgeruch ist, erscheint werth dafür zu leben, komme später auch was da wolle. Sogar wenn er unbekannt dahinstirbt, hat der Künstler seinen Theil des Genusses und Erfolges gehabt.

Kenyon hatte in einer Entfernung von vielen Meilen die von ihrer Höhe eine breite Thalschlucht überschauende alte Villa oder Burg gesehen, die sein Reiseziel war. Als er indessen näher kam, war sie unter den Unebenheiten der Hügelseite verborgen, bis der sich windende Weg ihn fast bis zu dem eisernen Schloßthor brachte. Es war keine Glocke, noch irgend eine andere derartige Vorrichtung dort; und nachdem er die unsichtbare Mannschaft, anstatt mit einer Posaune, mit seiner Stimme herausgefordert, hatte er Muße, einen Blick auf das Aeußere des Castells zu werfen.

Gegen dreißig Ruthen innerhalb des Thorwegs erhob sich ein viereckiger Thurm, hoch genug, um ein hervorragender Gegenstand in der Landschaft zu sein, und mehr als hinreichend massiv im Verhältniß zu seiner Höhe. Sein Alter war augenscheinlich ein solches, daß in einem Klima von größerer Feuchtigkeit ihn der Epheu von Kopf bis zu Fuß in ein sich immer wieder verjüngendes Gewand eingehüllt haben würde. Aber in der trocknen italienischen Luft hatte die Natur diesen alten Steinbau nur insoweit in Beschlag genommen, daß sie beinah jede Handbreit davon mit sich dicht anschließenden Lebekraut und gelbem Moos bedeckte, und die uralte Vegetation dieses freundlichen Erzeugnisses ließ die allgemeine Farbe des Thurmes sanft und ehrwürdig erscheinen, und nahm das Ansehen der Kahlheit hinweg, welches sein Alter trauriger gemacht haben würde, als es nun erschien.

Die Höhe des Thurmes auf und nieder befanden sich in unregelmäßigen Abständen drei oder vier Fenster, die untern mit Eisenstäben vergittert, die obern ganz ohne Fensterrahmen und Glas. Außer diesen größern Oeffnungen zeigten sich noch verschiedene Schießscharten und kleine viereckige Löcher, welche bestimmt zu sein schienen, das Treppenhaus zu erhellen, das ohne Zweifel durch das Innere auf die mit Zinnenwerk gekrönte Spitze hinaufführte. Die letzterwähnte kriegerische Verzierung auf seinem ernsten alten Haupt und seiner Stirn verlieh dem Thurm offenbar das Aussehen einer Veste aus alter Zeit. Mancher Armbrustschütze mag seinen Speer aus jenen Fenstern und Schießscharten und von der schützenden Höhe der Zinnen entsendet, mancher Flug von Pfeilen gleichfalls alles um die Schießscharten oben und die Oeffnungen unten, wo der Helm eines Vertheidigers für einen Augenblick glänzte, übersäet haben. Ueberdies hatten in festlichen Nächten oft hundert Lampen weithin über das Thal geschimmert, von den eisernen Haken herabhängend, welche zu diesem Zwecke unter den Zinnen und jedem Fenster angebracht waren.

Hinter dem Thurm streckte sich ein mit ihm verbundenes sehr geräumiges Wohnhaus aus, das zum größten

Theile neueren Ursprungs war. Indessen verdankte es vielleicht sein frisches Aussehen zum großen Theil einer Bekleidung von Stucco und gelbem Anstrich, einer Art von Renovirung, die bei den Italienern sehr beliebt ist. Kenyon bemerkte über einem Thorweg in dem Theil des Gebäudes, welcher unmittelbar an den Thurm grenzte, ein Kreuz, welches sammt einer Glocke über dem Dach befestigt war und anzeigte, daß dies ein geweihter Raum und die Kapelle der Wohnung sei.

Aufwärts schauend, erblickte der von der Sonnenglut hart belästigte Reisende eine Gestalt, welche an einer der Schießscharten der Zinnenkrönung lehnte und auf ihn herabblickte.

„Ei, Herr Graf!" rief der Bildhauer, seinen Strohhut schwingend, als er das Gesicht nach kurzer Ungewißheit erkannt hatte. „Dies ist wahrhaftig ein warmer Empfang! Bitte, befehlt Eurem Pförtner, mich einzulassen, ehe mich die Sonne gänzlich zu Asche zusammendörrt."

„Ich werde selbst kommen," erwiderte Donatello, seine Stimme gleichsam aus den Wolken herabsendend; „der alte Tomaso und die alte Stella sind ohne Zweifel eingeschlafen, und der Rest der Leute ist im Weinberg. Doch ich habe Euch erwartet und Ihr seid willkommen!"

Der junge Graf — wie wir ihn vielleicht besser in seiner Stammburg zu bezeichnen haben — verschwand von den Zinnen, und Kenyon sah seine Gestalt, wie er herabstieg, nacheinander an jedem Fenster erscheinen. Bei jedem Wiedererscheinen wendete er sein Gesicht gegen den Bildhauer nickend und lächelnd; denn er fühlte sich angetrieben, auf diese Weise seinen Besucher eines freundlichen Willkom=

mens zu versichern, nachdem er ihn so lange an einer un-
gastlichen Schwelle verweilen ließ.

Kenyon (von Natur und Beruf kundig, den Ausdruck
des menschlichen Gesichtes zu lesen) hatte jedoch ein unbe-
stimmtes Gefühl, daß dies nicht der junge Freund sei, welchen er in Rom so genau kannte; nicht der sylvanartige,
natürliche Jüngling, welchen Miriam, Hilda und er selbst
geliebt, über den sie gelacht und mit dem sie gescherzt hatten; nicht der Donatello, dessen Person sie so muthwillig
mit der des Praxitelischen Faun identificirt hatten.

Als endlich sein Wirth aus einem Seitenportal der
Wohnung hervortrat und sich dem Thorweg näherte, fühlte
der Reisende noch mehr, daß etwas verloren oder etwas gewonnen war (er wußte selbst kaum was), und daß dieser Verlust oder Gewinn, den Donatello von heute unversöhnlich
mit dem von gestern entzweit hatte. Sein ganzer Gang
zeigte es in einer gewissen Gravität, einem Gewicht und
einem Maaß der Schritte, welche nichts mit der unregelmäßigen Leichtigkeit gemein hatten, die ihn sonst auszuzeich-
nen pflegte. Sein Antlitz war bleicher und magerer, und
die Lippen erschienen weniger voll.

„Ich habe eine lange Zeit nach Euch gespäht," sagte
Donatello, und obgleich seine Stimme verändert klang und
er die Worte schärfer hervorstieß, als es sonst seine Gewohnheit war, so leuchtete doch ein Lächeln auf seinem
Antlitz, welches für den Augenblick den Faun vollkommen
ins Gedächtniß zurückrief. „Ich werde vielleicht nun, da
Ihr gekommen seid, heiterer sein. Es ist hier sehr einsam."

„Ich reiste langsam hierher, da ich oft Rast, oft einen
Seitenausflug machte," erwiderte Kenyon; „denn ich fand

vieles für mich Interessantes in der mittelalterlichen Sculp=
tur hier herum in den Kirchen verborgen. Einem Künstler,
ob Maler oder Bildhauer, darf es verziehen werden, wenn
er langsam durch solch eine Gegend tändelt. Aber welch
ein schöner, alter Thurm! Seine hohe Masse ist wie ein
aus der Geschichte italienischer Republiken genommenes
Blatt mit gothischer Schrift."

„Ich weiß wenig oder nichts von seiner Geschichte,"
sagte der Graf, nach den Zinnen emporblickend, wo er eben
gestanden hatte. „Aber ich danke meinen Vorfahren, daß
sie ihn so hoch gebaut haben. Ich habe die luftige Thurm=
spitze lieber als die Welt unten, und halte mich jetzt gern
dort oben auf."

„Es ist schade, daß Ihr kein Sternseher seid," bemerkte
Kenyon, ebenfalls emporblickend. „Er ist höher als Ga=
lileo's Thurm, welchen ich vor ein oder zwei Wochen außer=
halb der Mauern von Florenz sah."

„Ein Sternseher? Ich bin einer," erwiderte Donatello.
„Ich schlafe in dem Thurm und wache oft sehr spät auf
den Zinnen. Es ist übrigens ein schlechtes, altes Treppen=
haus zu erklimmen, ehe man die Spitze erreicht, und eine
Reihenfolge von traurigen Gemächern, von Stockwerk zu
Stockwerk. Einige von ihnen waren in alten Zeiten Ge=
fängnißkammern, wie Euch der alte Tomaso erzählen
wird."

Der in seinem Tone angedeutete Widerwillen bei dem
Gedanken an diese dunkele Treppe, an diese geisterhaften,
düster erhellten Gemächer erinnerte Kenyon weit mehr
an den ursprünglichen Donatello, als seine jetzige Gewohn=
heit, zur Mitternachtszeit auf den Zinnen zu wachen.

"Ich werde mich freuen, Eure Wacht zu theilen," sagte der Gast; "vorzüglich bei Mondenschein. Der Prospect dieses breiten Thales muß überaus schön sein. Aber ich wußte nicht, mein Freund, daß dies Eure Gebräuche hier zu Lande seien. Ich habe mir Euch in einer Art arkadischen Lebens vorgestellt, wie Ihr reife Feigen verspeist, den Saft aus den üppigsten Trauben preßt und jede Nacht nach einem Tag einfacher Freude eines festen Schlummers genießt."

"Ich mag solch ein Leben, als ich jünger war, gekannt haben," antwortete der Graf ernst. "Ich bin jetzt kein Knabe. Die Zeit flieht über uns dahin, läßt aber ihren Schatten zurück."

Der Bildhauer konnte über die Alltäglichkeit dieser Bemerkung nur lächeln, welche demungeachtet eine Art Originalität hatte, da sie aus dem Munde Donatello's kam. Er hatte sie aus eigener Erfahrung geschöpft, und vielleicht betrachtete er sich selbst als den Verkünder einer neuen Wahrheit.

Sie schritten jetzt über den Hofraum vorwärts; und die lange Fronte der Villa, mit ihren eisenvergitterten unteren und ihren mit Altanen versehenen oberen Fenstern sich rückwärts gegen einen Lustwald erstreckend, wurde sichtbar.

"In irgend einer Periode Eurer Familiengeschichte," bemerkte Kenyon, "müssen die Grafen von Monte Beni ein patriarchalisches Leben in diesem geräumigen Hause geführt haben. Ein Urahn und seine ganze Nachkommenschaft könnte hier Unterkunft und hinlänglich Raum finden, sodaß jede besondere Brut der Kleinen in ihren eigenen

Abgrenzungen spielen könnte. Ist Euer gegenwärtiger Haushalt ein großer?"

„Nur ich," antwortete Donatello, „und Tomaso, welcher seit meines Großvaters Zeit Kellermeister gewesen ist, und die alte Stella, welche fegend und stäubend durch die Zimmer streift, und Girolamo der Koch, welcher dabei ein gar müßiges Leben führt. Er wird Euch sogleich ein Hühnchen hinaufsenden. Aber zunächst muß ich eine der Contadinis aus jenem Pachthof rufen, Euer Pferd in den Stall zu bringen."

Demzufolge rief der junge Mann mit solcher Kraft und mit solcher Wirkung, daß nach einigen Wiederholungen ein altes, graues Weib ihren Kopf und einen Besenstiel aus einem Zimmerfenster herausschob; der ehrwürdige Kellermeister tauchte aus einer Vertiefung im Seitenflügel des Hauses hervor, wo ein Brunnen oder Behälter war, in welchem er ein kleines Weinfaß gereinigt hatte; und ein sonnverbrannter Contadino in Hemdärmeln zeigte sich an dem äußern Rande des Weinbergs, mit irgend einem ländlichen Geräth in seiner Hand. Für alle diese Diener fand Donatello Beschäftigung, indem sie für seinen Gast und dessen Pferd etwas besorgen mußten, und dann geleitete er den Bildhauer in die Vorhalle des Hauses.

Es war ein viereckiges und hohes Eingangszimmer, welches durch die Festigkeit seines Baues ein etruskisches Grabmal hätte sein können, indem es mit schweren Steinblöcken gepflastert und gemauert, und in der Höhe fast ebenso massiv gewölbt war. Auf zwei Seiten befanden sich Thüren, welche sich nach einer langen Reihe von Vorzimmern und Sälen öffneten, und auf der dritten Seite ein steinernes Treppenhaus von geräumiger Breite und mit ansehnlichen Ruheplätzen, das zu einer andern Flur von ähnlicher Ausdehnung emporführte. Durch eine dieser Thüren, welche halb geöffnet war, erblickte Kenyon eine fast unendliche Anzahl von Gemächern, die sich eines hinter dem andern öffneten und an die hundert Zimmer in Blaubart's Burg, oder an die unzähligen Hallen in einem Palaste der „Arabischen Nächte" erinnerten.

Es mußte in der That eine zahlreiche Familie gewesen sein, welche eine so große Behausung, wie diese, mit menschlichem Leben zu erfüllen und einer so weiten, von diesen Thüren eingeschlossenen Welt gesellige Wärme zu ertheilen vermochte. Der Bildhauer gestand sich, daß Donatello Grund genug habe, melancholisch zu werden, indem er nur seine eigene Person hatte, um dies Alles zu beleben.

„Wie das Gesicht eines Weibes dies Alles erhellen würde!" rief er aus und nicht in der Absicht, überhört zu werden.

Aber nach Donatello schauend, nahm er einen ernsten und kummervollen Blick in dessen Augen wahr, welcher sein jugendliches Antlitz so sehr alterte, als hätte es dreißig Jahre voll Sorge gesehen; und in demselben Augenblick zeigte sich die alte Stella durch einen der Thorwege, als die einzige Repräsentantin ihres Geschlechts auf Monte Beni.

Siebentes Kapitel.

Sonnenschein.

„Kommt," sagte der Graf, „ich sehe, Ihr findet das alte Haus bereits melancholisch. So finde ich es in der That. Und doch war es ein heiterer Platz in meiner Kindheit. Aber seht, in meines Vaters Tagen (und das= selbe war bei meiner ganzen endlosen Linie von Vorfahren der Fall, wie ich gehört habe) pflegten Oheime und Tan= ten und alle Arten von Verwandten wie eine Familie zu= sammen zu wohnen. Sie waren zum größten Theil ein heiterer und freundlicher Menschenschlag, und erwärmten eines des anderen Herz."

„Zwei Herzen sind genug, um Wärme zu verbreiten," bemerkte der Bildhauer, „sogar in einem so großen Hause wie dieses. Ein einsames Herz, es ist wahr, kann nur zu leicht dazu kommen, etwas Schauer zu empfinden. Aber ich hoffe, mein Freund, daß das heitere Blut Eurer Race noch in vielen Adern außer den Euren fließt."

„Ich bin der Letzte," sagte Donatello finster. „Sie sind alle seit meiner Kindheit dahingeschwunden. Der alte Tomaso wird Euch erzählen, daß die Luft von Monte Beni nicht mehr so günstig ist, als sie einst zu sein pflegte. Aber dies ist nicht das Geheimniß der schnellen Vertilgung meiner Verwandten."

„Ihr wißt einen noch triftigern Grund?" forschte Kenyon.

„Mir fiel einer die vorige Nacht ein, während ich nach den Sternen blickte," antwortete Donatello; „doch verzeiht mir, ich bin nicht gesonnen ihn mitzutheilen. Ein Grund jedoch für das längere und gesündere Leben meiner Vorfahren war, daß sie viele erfreuliche Mittel hatten, sich selbst und ihren Gästen und Freunden das Leben heiter zu machen; heut zu Tage haben wir nur eins!"

„Und welches ist das?" fragte der Bildhauer.

„Ihr werdet sehen!" sagte der junge Wirth.

Alsbald hatte er den Bildhauer in einen der zahllosen Säle geführt, und nachdem er nach Erfrischung gerufen, stellte die alte Stella ein kaltes Geflügel auf den Tisch, und gleich darauf eine schmackhafte Omelette, welche Girolamo keine Zeit verloren hatte zuzubereiten. Sie brachte auch Kirschen, Pflaumen und Aprikosen, und eine Platte, gefüllt mit besonders zarten Feigen, vom Gewächs des letzten Jahres. Als der Kellermeister seinen weißen Kopf an der Thür zeigte, winkte ihm sein Herr.

„Tomaso, bringe etwas Sonnenschein!" sagte er.

Man möchte glauben, die schnellste Art und Weise diesem Befehle zu gehorchen, würde gewesen sein, die grünen Fensterschirme weit hinwegzuschieben und die Glut des Sommernachmittages in die sorgfältig beschattete Stube einzulassen. Aber auf Monte Beni ist es hergebrachte

Gewohnheit, den Sonnenschein im Keller vorräthig zu haben. Der alte Tomaso brachte schnell etwas davon in einer kleinen, mit Stroh überzogenen Flasche herbei, aus welcher er den Stöpsel zog, während er etwas Baumwolle hineinschob, um das Olivenöl einzusaugen, welches die kostbare Flüssigkeit von der Luft abgesperrt hielt.

„Dies ist ein Wein," bemerkte der Graf, „den zu bereiten das Geheimniß von Jahrhundert zu Jahrhundert in unserer Familie bewahrt worden ist; auch würde es keinem Menschen nützen, das Geheimniß zu stehlen, wenn er nicht zugleich den Weinberg stehlen könnte, der allein die Monte Beni-Traube hervorbringt. Es ist mir sonst wenig gelassen, außer diese Hufe mit Wein. Kostet etwas von ihrem Saft, und sagt mir, ob er werth ist, Sonnenschein genannt zu werden, denn dies ist sein Name."

„Und ein herrlicher Name!" rief der Bildhauer.

„Kostet ihn!" sagte Donatello, seines Freundes Glas füllend, und ebenfalls ein wenig in sein Glas gießend. „Aber erst athmet seinen Wohlgeruch, denn der Wein gibt ihn verschwenderisch aus und streut ihn in der Atmosphäre weit umher aus."

„O, wie köstlich!" sagte Kenyon. „Kein anderer Wein hat ein solches Bouquet. Der Geschmack muß in der That seltener Art sein, wenn er die Verheißungen dieses Aromas erfüllt, das wie die luftige Süßigkeit jugendlicher Hoffnungen ist, welche keine Wirklichkeit je befriedigen wird!"

Diese unschätzbare Flüssigkeit war von blaßgoldener Farbe, wie andere der seltensten italienischen Weine, und konnte, wenn er ohne feinere Prüfung getrunken wurde, vielleicht für eine ausgesuchte Champagner-Sorte gehalten werben. Es war indessen kein Schaumwein, obgleich sein zarter und pikanter Geschmack eine ähnliche Wirkung auf den Gaumen hervorbrachte. Nippend begehrte der Gast wieder zu nippen; doch mußte der Wein in Absätzen und mit Ueberlegung getrunken werden, um die verborgenen und unvergleichlichen Eigenschaften seines Aromas herauszuschmecken, sodaß ihn zu schlürfen wirklich ein mehr moralisches als physisches Vergnügen war. Es war ein Genuß darin, welcher der Analyse spottete, und — wie alles sonst, was im höchsten Grade gut ist — wurde er vielleicht in der Erinnerung besser gewürdigt, als während des Genusses selbst. Einer der ätherischen Reize dieses Weines liegt in dem vergänglichen Leben seiner edelsten Eigenschaften, denn er verlangt eine gewisse Muße und Bedächtigkeit; wenn ihr aber zu lang bei einem Zug verweilt, so wird er seines Wohlgeruches und Wohlgeschmackes beraubt.

Unter den andern bewundernswerthen Gaben des Monte Beni-Weines darf auch sein Glanz nicht vergessen werden, denn wie er so in Kenyon's Glase stand, erglänzte ein kleiner Lichtzirkel auf dem Tische rings um dasselbe, als sei es wirklich so viel goldner Sonnenschein.

„Ich fühle mich als einen bessern Menschen in Folge dieses ätherischen Getränks," bemerkte der Bildhauer. „Der feinste Orvieto, oder jener berühmte Wein, der Est Est Est von Montefiascone ist im Vergleiche mit ihm gemein. Dies ist sicher der Wein des goldenen Zeitalters, sowie Bacchus selbst ihn aus den auserlesensten Trauben zu pressen die Menschen gelehrt hat. Mein lieber Graf, warum ist er nicht berühmt? Das blasse, flüssige Gold, in jeder solchen

Flasche wie diese, könnte in goldene Scudi verwandelt werden, und würde Euch schnell zu einem Millionär machen!"

Tomaso, der alte Kellermeister, welcher bei dem Tische stand, und den das Lob des Weines ebensosehr erfreute als sei es ihm ertheilt worden, antwortete:

„Wir haben eine Sage, Signore, daß dieser seltene Wein unseres Weinberges alle seine wundervollen Eigenschaften verlieren würde, wenn irgend eine Quantität davon auf den Markt gebracht würde. Die Grafen von Monte Beni haben sich nie von einer einzigen Flasche davon für Gold getrennt. Bei ihren Gastmählern, in der alten Zeit, haben sie Prinzen, Carbinäle, und einmal einen Kaiser und ein andermal einen Pabst mit diesem köstlichen Weine bewirthet, und immer, selbst bis auf diesen Tag, ist es ihre Gewohnheit gewesen, ihn ungehindert fließen zu lassen, wenn solche, welche sie lieben und ehren, an der Tafel sitzen. Aber der Großherzog selbst könnte diesen Wein nicht trinken, außer es geschähe unter diesem nämlichen Dache!"

„Was Ihr mir sagt, mein guter Freund," erwiderte Kenyon, „läßt mich den Sonnenschein von Monte Beni noch bei weitem mehr verehren als zuvor. Wie ich Euch verstehe, ist es eine Art geweihten Saftes, und versinnlicht die Tugenden der Gastfreundschaft und geselligen Freundlichkeit."

„Nun, theilweis so, Signore," sagte der alte Kellermeister, mit einem schlauen Blick in seinem Auge; „aber, die volle Wahrheit zu sagen, gibt es noch einen andern, triftigeren Grund, weshalb weder ein Faß noch eine Flasche unserer köstlichen Weinlese je zum Verkauf gesendet zu werden pflegt. Der Wein, Signore, liebt seine ursprüngliche Heimat so, daß ein Transport von nur wenig Meilen ihn vollkommen sauer macht. Und doch ist es ein Wein, welcher sich im Keller, unter diesem Estrich, gut hält, und Wohlgeruch, Wohlgeschmack und Helle in seinem dunklen Gefängniß in sich sammelt. Gerade diese Flasche Sonnenschein nun hat sich immer für Euch erhalten, Herr Gast (wie ein Mädchen ihre Lieblichkeit aufbewahrt, bis der Liebhaber für sie kommt) seit einer fröhlichen Weinlesezeit, als der Signor Graf hier noch ein Knabe war!"

„Ihr müßt nicht warten, bis Tomaso mit seiner Rede über den Wein zu Ende ist; Ihr müßt vorher Euer Glas austrinken," bemerkte Donatello. „Wenn die Flasche einmal entstöpselt ist, so verflüchtigen sich ihre schönsten Eigenschaften sehr bald. Ich zweifle, ob Ihr Euern letzten Zug ganz so köstlich finden werdet, wie Euren ersten."

Und in Wahrheit, dem Bildhauer schien es so, als ob der Sonnenschein fast unmerklich trüber würde, je mehr er sich dem Boden der Flasche näherte. Die Wirkung des Weines indessen war eine sanfte Aufheiterung, welche nicht so schnell vorüberging.

So erquickt, blickte Kenyon um sich her in dem alten Saale, in welchem sie saßen. Er war in einem höchst mächtigen Stile erbaut, mit einem Steinboden, auf welchem schwere Säulen gegen die Mauer lehnten und Bogen trugen, welche in der Deckenwölbung einander kreuzten. Die geraden Mauern sowohl wie die Abschnitte der Decke waren ganz mit Frescomalereien bedeckt, welche gewiß ursprünglich, und vielleicht auch noch für spätere Generationen glänzend gewesen waren. Die Compositio=

nen waren von einem festlichen und heitern Charakter und stellten Arkadische Scenen dar, wo Nymphen, Faune und Satyrn sich unter sterblichen Jünglingen und Jungfrauen ergötzten, und Pan und der Gott des Weins und der des Sonnenscheins und der Musik nicht verschmähten, sylvanische Lustbarkeiten mit der kaum verhüllten Glorie ihrer Gegenwart zu erheitern. Ein Kranz tanzender Gestalten in bewundernswerth mannichfaltiger Form und Bewegung war rings um den Fries des Zimmers gewunden.

In seinem ersten Glanze mußte der Saal einen schimmernden und belebenden Anblick dargeboten haben; denn er spiegelte einige der heitersten Ideen und Gemüthsbewegungen, für welche der menschliche Geist empfänglich ist, mit der äußern Realität schöner Formen und reicher, harmonischer Glut und Mannichfaltigkeit der Farben wider. Aber die Frescomalereien waren jetzt sehr alt. Sie waren von der alten Stella und mancher ihrer Vorgängerinnen gewischt und abgefegt worden, und waren an der einen Stelle verunstaltet, an der andern übermalt und in Lappen von der Wand geschält, und hatten einige ihrer glänzendsten Partien unter traurigem Staub verborgen, bis der heitere Glanz vollkommen aus ihnen allen verschwunden war. Es war oft schwierig, die Composition herauszufinden, und sogar, wo sie deutlicher sich erkennen ließ, zeigten sich die Gestalten wie Geister todter und begrabener Freuden — je näher ihre Aehnlichkeit der glücklichen Vergangenheit, je düsterer jetzt. Denn es ist der Fall, daß durch einen nur unbedeutenden Wechsel die heitersten Gegenstände und Wesen die traurigsten werden! Hoffnung verwandelt sich in Mißvergnügen; Freude ver-

wandelt sich in Schmerz, und festlicher Glanz in Todten=
graun; und alle predigen dann, als ihre Moral, eine dü=
stere Identität zwischen heitern und schmerzlichen Dingen.
Gebt ihnen nur eine kurze Zeit, und sie erscheinen einander
vollkommen gleich.

„Es müssen viel Festlichkeiten in diesem Saale stattge=
funden haben, wenn ich nach dem Charakter seiner Fresco=
malereien urtheilen darf," bemerkte Kenyon, dessen Geist
noch immer durch die milde Kraft des Monte Beni=Weins
lebhaft angeregt war. „Eure Vorfahren, mein lieber
Graf, müssen lustige Burschen gewesen sein, und die Wein=
lesefreuden das ganze Jahr hindurch aufrecht erhalten
haben. Es thut mir wohl, an sie zu denken, wie sie die
Herzen von Männern und Frauen mit ihrem Sonnenschein=
Wein erheiterten, sogar im Eisernen Zeitalter, wie Pan
und Bacchus, welche wir dort sehen, im Goldenen
thaten!"

„Ja, es sind lustige Zeiten in dem Banketsaale von
Monte Beni gewesen, sogar noch meines Gedenkens," ver=
setzte Donatello, ernst nach den gemalten Wänden blickend.
„Es war alles auf Ergötzlichkeit abgesehen, wie Ihr seht,
und wenn ich meine eigene Heiterkeit in den Saal brachte,
blickten diese Frescomalereien gleichfalls heiter darein.
Aber mir scheint, als ob sie alle verblichen seien, seit ich sie
zuletzt sah."

„Es würde ein guter Gedanke sein," sagte der Bild=
hauer, in die Stimmung seines Gefährten übergehend,
„diesen Saal in eine Kapelle umzuwandeln; und wenn der
Priester seinen Hörern von der Unbeständigkeit irdischer
Freuden erzählt, und ihnen zu Gemüth führen wollte, wie

traurig sie dahinschwinden, mag er auf die Bilder zeigen, welche so heiter waren, und nun so traurig sind. Er könnte in keiner andern Weise sein Thema so überzeugend erklären."

„Wirklich, in der That!" antwortete der Graf; „und dort, wo die Minstrels zu stehen pflegten, soll der Altar errichtet werden. Die Buße eines Sünders könnte gerade in diesem alten Banketsaale eine recht wirksame sein."

„Es sollte mir leid thun, den Gedanken an eine solch unfreundliche Verwandlung in Eurem gastfreundlichen Saale in Euch wachgerufen zu haben," fuhr Kenyon fort, die inzwischen in Donatello's Charakter wahrgenommene Veränderung sehr wohl bemerkend. „Ihr erschreckt mich, mein Freund, durch einen so ascetischen Einfall! Er würde Euch kaum in den Kopf gekommen sein, da wir uns zuerst begegneten. Bitte, nehmt Euch nicht vor — wenn ich mir als ein etwas älterer Mann die Freiheit nehmen darf, Euch zu rathen," setzte er lächelnd hinzu — „nehmt Euch nicht vor, zu dem Zweck der Besserung düster, gedankenvoll und reuig zu werden, wie wir Uebrigen."

Donatello gab keine Antwort, sondern saß eine Weile, indem er mit den Augen einer der Gestalten zu folgen schien, welche zu mehreren Malen in den Gruppen auf den Wänden und der Decke wiederkehrte. Sie bildete das vornehmlichste Glied einer Allegorie, durch welche (wie es in solchen Compositionen oft der Fall ist) der ganze Cyclus von Frescomalereien in Verbindung gesetzt war. Die Augen des Bildhauers nahmen eine gleiche Richtung, und erkannten bald den wechselnden, einmal heitern und dann wieder düstern Ausdruck, womit der alte Künstler dieselbe einzelne

Gestalt dargestellt hatte. Er glaubte darin eine Aehnlichkeit derselben mit Donatello selbst zu erkennen; und sie erinnerte ihn an einen der Vorsätze, mit welchen er nach Monte Beni gekommen war.

„Mein lieber Graf," sagte er, „ich habe einen Vorschlag zu machen. Ihr müßt mich eine kurze Zeit meiner Mußestunden dazu verwenden lassen, Eure Büste zu modelliren. Ihr erinnert Euch, welch' eine auffallende Aehnlichkeit wir alle — Hilda, Miriam und ich — zwischen Euren Zügen und denen des Fauns des Praxiteles fanden. Damals schien es eine Identität; aber jetzt, wo ich Euer Gesicht besser kenne, ist die Aehnlichkeit weit weniger augenscheinlich. Euer Kopf in Marmor würde ein Schatz für mich sein. Soll ich ihn haben?"

„Ich habe eine Schwachheit, welche ich fürchte nicht überwinden zu können," erwiderte der Graf, sein Gesicht hinweg wendend. „Es beunruhigt mich fast, angeblickt zu werden."

„Ich habe es bemerkt, seitdem wir hier sitzen, obgleich nie zuvor," versetzte der Bildhauer. „Es ist eine Nervenschwäche, fürchte ich, die Ihr Euch in der römischen Luft holtet, und welche durch Euer einsames Leben genährt wird. Doch würde dies für mich kein Hinderniß sein, Eure Büste zu fertigen; denn ich werde die Aehnlichkeit und den Ausdruck durch Seitenblicke auffangen, welches (wenn Portraitmaler und Büstenverfertiger es nur wüßten) immer einen reicheren Ertrag bringen als ein voller Blick."

„Nun, so bildet mich ab, wenn Ihr es fähig seid," sagte Donatello, indem er selbst, als er so sprach, sein Gesicht hinwegwendete; „und wenn Ihr erblicken könnt, was mich vor Euch zurückfahren macht, so werdet Ihr, wenn Ihr es in die Büste bringt, was Ordentliches geleistet haben. Es ist nicht mein Wille, sondern meine Bestimmung, Menschenaugen zu meiden. Nur," setzte er lächelnd hinzu, „nur dürft Ihr nicht auf Enthüllung meiner Ohren bestehen!"

„Nein; ich würde an so etwas im Traum nicht denken," antwortete der Bildhauer lachend, als der junge Graf seine dichten Locken schüttelte. „Ich dürfte nicht hoffen, Euch zu überreden, da ich mich erinnere, wie Miriam einst eine Fehlbitte that."

Nichts ist unerklärlicher, als die Zauberkraft, welche oft in einem gesprochenen Worte liegt. Ein Gedanke kann der Seele so deutlich gegenwärtig sein, daß keine Sprache ihn so entsprechend ausdrücken könnte, und zwei Seelen können sich desselben Gedankens bewußt sein, an welchem eine oder beide das tiefste Interesse nehmen, aber so lange er ungesprochen bleibt, fließt ihr vertrautes Gespräch ebenso ruhig über den verborgenen Gedanken hinweg, wie ein Flüßchen über etwas, das in seinem Bett versunken ist, lustig funkelnd dahinschlüpfen mag. Aber sprich das richtige Wort, und es bringt gleichsam einen ertrunkenen Körper aus dem tiefsten Abgrund des Flüßchens herauf, das sich, trotz der lächelnden Oberfläche, des schrecklichen Geheimnisses immer bewußt war.

In ähnlicher Weise geschah es, daß, als Kenyon zufällig eine Anspielung auf Donatello's Verhältniß zu Miriam machte (obgleich der Gegenstand bereits in beider Seelen war), eine fürchterliche Bewegung sich aus den Herzenstiefen des jungen Grafen erhob. Er zitterte vor Schmerz ober Entsetzen, und starrte mit wilden Blicken nach dem Bildhauer, wie ein Wolf, welcher euch im Wald trifft und unschlüssig ist, ob er fliehen oder euch anfallen solle. Doch, als Kenyon ihn noch immer ruhig anblickte, gewann sein Gesicht allmälig ein etwas ruhigeres, obschon bei weitem nicht sein früheres mehr stilles Aussehen.

„Ihr habt ihren Namen genannt," sagte er endlich in einem bewegten und zitternden Ton; „sagt mir nun alles, was Ihr über sie wißt!"

„Ich glaube kaum, daß ich irgend eine spätere Kunde von ihr habe als Ihr," antwortete Kenyon; „Miriam verließ Rom ungefähr um die Zeit Eurer eigenen Abreise. Ein oder zwei Tage nach unserm letzten Zusammentreffen in der Kirche der Kapuziner suchte ich ihr Atelier auf und fand es leer. Wohin sie gegangen ist, kann ich nicht sagen."

Donatello that keine weitere Frage.

Sie standen vom Tisch auf, durchstrichen zusammen die Grundstücke und vertändelten den Nachmittag mit kurzen Zwischenräumen von unzulänglichen Gesprächen und vielem düstern Stillschweigen. Der Bildhauer nahm an seinem Gefährten eine Veränderung wahr, die ihn betrübte, weil sie viel von jener einfachen Anmuth hinwegnahm, welche die beste von Donatello's Eigenschaften war.

Dem Bildhauer wurde zur Nachtruhe ein düsteres, altes, gewölbtes Gemach angewiesen, welches im Verlauf von fünf oder sechs Jahrhunderten die Geburts-, Braut- und Todtenkammer von vielen Generationen der Familie Monte Beni gewesen war. Bald nach Tagesanbruch wurde er durch das Geschrei eines Bettlerschwarmes aufgeweckt, welcher seinen Standplatz in einem kleinen, ländlichen Weg, der sich an jener Seite der Villa hinzog, genommen hatte, und seine Bitten nach den geöffneten Fenstern richtete. Bald schienen sie Almosen erhalten zu haben und nahmen ihren Abschied.

„Irgend ein wohlthätiger Christ hat diese Vagabunden hinweggesandt," dachte der Bildhauer, als er in seinen unterbrochenen Schlummer zurückfiel; „wer konnte es sein? Donatello hat seine Gemächer in dem Thurm; Stella, Tomaso und der Koch wohnen von hier weit entfernt, und ich hielt mich für den einzigen, der in diesem Theil des Schlosses wohnt."

In der Breite und dem Raum, welche eine italienische Villa so angenehm charakterisiren, ist allerdings für ein Dutzend von Gästen soviel Platz, daß jeder seine eigene Reihe von Gemächern haben könnte, ohne daß einer mit des andern ausgedehntem Wohnbezirke in Berührung zu kommen brauchte. Aber so viel Kenyon wußte, war er der einzige Besucher unter Donatello's weitläufigem Dach.

Achtes Kapitel.

Der Stammbaum von Monte Beni.

Von dem alten Kellermeister, der ihm als eine sehr liebenswürdige und leutselige Person erschien, erfuhr Kenyon bald viele wunderliche Berichte über die Familiengeschichte und erblichen Eigenthümlichkeiten der Grafen von Monte Beni. Sie hatten einen Stammbaum, dessen spätern Zweig — und zwar reichte dieser wenig mehr als tausend Jahre hinauf — ein Genealogist mit Vergnügen Glied für Glied verfolgt und durch Actenstücke und Documente seine Echtheit nachgewiesen haben würde. Es würde indessen ebenso schwierig gewesen sein, den Strom von Donatello's Ahnen bis zu seiner letzten dunkeln Quelle hinauf zu verfolgen, als es Reisende gefunden haben, die geheimnißvollen Quellen des Nils zu entdecken.

Ohne Zweifel war das Geschlecht von Monte Beni eines der ältesten in Italien, wo Familien öfter wie in England oder Frankreich auf ihren halbverrotteten Stammwurzeln wenigstens fortzuvegetiren, wenn auch nicht zu blühen scheinen. Es war in einer breiten Linie aus dem

Mittelalter herabgekommen; doch auch in noch frühern Zeitaltern, in dem Dunkel der Periode, bevor das Ritterthum seine Blüte entfaltete, war es schon sichtbar; und noch weiter, wir fürchten fast es zu sagen, wurde es, obgleich mit schwächerm und schwankendem Lauf, in den frühesten Zeiten des Christenthums bemerkt, als das römische Kaiserthum kaum begonnen hatte, Symptome des Verfalls zu zeigen. In dieser ehrwürdigen Entfernung aber gaben die Herolde die Nachforschung nach dem Ursprung des Geschlechts voll Verzweiflung auf.

Aber wo geschriebene Urkunden über die Genealogie von Monte Beni fehlten, da trat an deren Stelle die Tradition und führte die Geschlechtstafel ohne Furcht und Scheu über die kaiserliche Aera in die Zeiten der römischen Republik zurück, ja sogar über diese hinaus in die Epoche königlicher Regierung. Und selbst unter diesen moosigen Jahrhunderten machte sie keine Pause, sondern streifte weiter in das graue Alterthum, aus welchem kein Denkmal hinterlassen ist, ausgenommen seine ausgehöhlten Grabmäler und ein paar Bronzen und einige künstlich gearbeitete Verzierungen von Gold und Edelsteinen mit mystischen Figuren und Inschriften. Dort oder dortherum, glaubte man, habe die Linie ihren Ursprung in dem sylvanischen Leben von Etrurien gehabt, als Italien noch an Rom keine Mitschuld hatte.

Unstreitig, wie wir zu sagen bedauern, muß der frühere und bei weitem größere Zweig dieser ehrwürdigen Linie — und dasselbe gilt' von vielen kürzern Stammbäumen — als vollständig fabelhaft betrachtet werden. Immerhin wob sich dadurch ein romantisches Interesse um das unbestrit=

tene Alter der Monte Beni-Familie, und über jene Strecke ihrer Weinstöcke und Feigenbäume, unter deren Schatten sie ohne Zweifel seit undenklichen Zeiten gewohnt hatten. Und dort hatten sie das Fundament ihres Thurmes gelegt, so frühe schon, daß, wie versichert wurde, die eine Hälfte seiner Höhe unter die Oberfläche gesunken sei, und daß es noch unterirdische Zimmer gebe, welche einst der alte „Sonnenschein" mit Heiterkeit und Glanz erfüllte.

Eine Erzählung oder Mythe, die sich mit ihrer schimmeligen Genealogie verknüpfte, interessirte den Bildhauer durch ihre abenteuerliche und vielleicht groteske, doch nicht reizlose Eigenthümlichkeit. Er erfaßte sie mit um so größerem Eifer, da sie in höchst wunderlicher Weise Handhaben zu der Hypothese darbot, wonach Miriam und Hilda zwischen Donatello und dem Faun des Praxiteles eine Aehnlichkeit erkannt oder sich eingebildet hatten.

Das Geschlecht der Monte Beni, wie diese Sage behauptete, hatte ihren Ursprung von dem Pelasgischen Geschlecht, welches Italien in Zeiten bewohnte, die vorhistorisch genannt werden können. Es war das nämliche edle Menschengeschlecht, von asiatischer Geburt, welches sich in Griechenland ansiedelte; die nämliche glückliche und poetische Sippschaft, welche in Arkadien lebte, und — ob sie je ein solches Leben führten oder nicht — die Welt wenigstens mit lieblichen, wenn auch unwirklichen Träumen und Fabeln von einem goldenen Zeitalter bereicherte. In diesen köstlichen Zeiten, wo Götter und Halbgötter vertraulich auf Erden erschienen und sich mit deren Bewohnern wie Freunde mit Freunden vermischten — wo Nymphen, Satyrn und alle Geschöpfe der klassischen Mythen und Fabeln sich kaum in den

Urwäldern zu verbergen bemühten — in dieser glücklichen Periode hatte die Linie von Monte Beni ihren Ursprung. Ihr Vorfahr war ein nicht vollkommen menschliches Wesen, jedoch mit den sanftesten menschlichen Eigenschaften so reichlich ausgestattet, daß er für die Einbildungskraft weder etwas Ehrfurcht noch etwas Schrecken Erweckendes hatte. Ein sylvanisches Geschöpf, in den Wäldern heimisch, hatte er ein irdisches Mädchen geliebt und ihre Zuneigung gewonnen. Nachdem sie, soviel wir wissen, in der Höhlung eines großen Baumes ihre bräutliche Wohnung errichtet, verbrachte das Paar ein glückliches, eheliches Leben in jener mythischen Gegend, wo jetzt Donatello's Burg stand.

Aus dieser Verbindung entsprang ein kräftiges Geschlecht, welches unbestreitbar seinen Platz unter menschlichen Familien einnahm. In jenem Zeitalter jedoch und viel später, zeigte es noch die unverkennbaren Züge seiner wilden Vorfahren. Es war ein angenehmer und freundlicher Menschenschlag, doch wildester Leidenschaft fähig und nie im Stande, sich vollkommen in die Grenzen socialer Gesetze einzuengen. Sie waren kräftig, thätig, sprudelnd von Geist und Leben, heiter wie der Sonnenschein, leidenschaftlich wie der Wirbelwind. Ihr Leben war durch eine ungesuchte Harmonie mit der Natur ein freudiges.

Doch nach dem Verlauf von Jahrhunderten mußte sich des Fauns wildes Blut nothwendigerweise durch beständige Mischungen mit den gewöhnlicheren Strömen des menschlichen Lebens besänftigen. Es verlor viele seiner ursprünglichen Eigenschaften und diente zum größten Theil nur dazu, eine unbesiegbare Kraft zu entwickeln, welche die Familie vor der Ausrottung bewahrte und sie befähigte, in Kriegsläuften eine Rolle zu spielen. In den fortdauernden Kriegen, welche die Plage Italiens waren, und bei den Streitigkeiten ihrer kleinen Staaten und Freistaaten war nach angeborener Kühnheit Nachfrage.

Die aufeinanderfolgenden Glieder der Familie Monte Beni zeigten jedenfalls Kraft und Klugheit genug, ihre erblichen Besitzungen vor den Händen gieriger Nachbarn zu schützen, und waren vermuthlich von den andern Feudalherren, mit welchen sie bald fochten, bald schmausten, wenig verschieden. Solch ein Grad von Uebereinstimmung mit den Sitten von Generationen, die es überlebte, muß zu dem langen Bestehen des Geschlechts wesentlich beigetragen haben.

Es ist indeß wohlbekannt, daß sich irgend eine erbliche Eigenthümlichkeit, — wie etwa ein überzähliger Finger, oder eine anomale Gesichtsgestalt, z. B. die habsburgische Lippe — in sehr wunderlicher Weise in einer Familie zu zeigen pflegt. Sie erbt sich wie zu ihrem eigenen Vergnügen längs der Linie fort, und obschon vielleicht für ein halb Jahrhundert verschwunden, kommt sie wieder an einem Urenkel zum Vorschein. Und so nun war, wie man versicherte, seit unvordenklicher Zeit immer irgend ein Abkömmling der Monte Benis da, welcher fast alle jene charakteristischen Züge trug, die man dem ursprünglichen Begründer des Geschlechtes beilegte. Einige Ueberlieferungen gingen sogar so weit, die mit einem zarten Pelz bedeckten und wie ein spitziges Blatt gestalteten Ohren zu den Beweisen echter Abstammung bei diesen begünstigten Individuen zu zählen. Wir würdigen ganz die Schönheit solcher Kennzeichen einer innigeren Verwandtschaft mit der großen

Familie der Natur; aber es würde fruchtlos sein, für ein Gerücht, welches so sehr in das Groteske überzuspielen scheint, Glauben zu verlangen.

Es war indeß unbestreitbar, daß einmal in einem Jahrhundert, oder auch öfter, ein Sprößling der Monte Beni die zerstreuten Eigenschaften seines Geschlechtes in sich sammelte und dadurch ganz den Charakter darstellte, der diesem Geschlecht seit undenklichen Zeiten beigelegt wurde. Schön, kräftig, tapfer, leutselig, treu, von ehrenhafter Gesinnung, mit einfachen Neigungen und der Liebe zu häuslichen Freuden begabt, besaß er, wie man glaubte, solche Gaben, welche ihn befähigten, sich zu den wilden Thieren des Waldes und den Vögeln in der Luft zu gesellen, und selbst für die Bäume, unter denen es ihm Vergnügen machte zu weilen, Sympathien zu empfinden. Andererseits aber fanden sich auch Mängel in Betreff des Verstandes und Herzens und besonders, wie es schien, in der Entwickelung höherer Eigenschaften männlicher Natur. Diese Mängel waren in der frühen Jugend weniger bemerkbar, traten aber mit dem zunehmenden Alter immer mehr hervor, wo dann der betreffende Repräsentant der Monte Beni geneigt wurde, sinnlich groben Vergnügungen ergeben, schwerfällig und gefühllos zu werden und sich innerhalb der Grenzen engherziger und finsterer Selbstsucht abzusperren.

Ein ähnlicher Wechsel will übrigens in der That nicht mehr bedeuten, als die Aenderungen, die wir immer an Personen vorgehen sehen, welche nicht darauf Bedacht nehmen, andere Vorzüge an die Stelle derjenigen zu setzen, die sie unvermeidlich in der Länge der Zeit mit der frischen

Empfänglichkeit und der muntern Lebhaftigkeit der Jugend verlieren. Mindestens war der regierende Graf von Beni, sowie sein Haar grau wurde, noch immer ein lustiger alter Bursche bei seiner Flasche Wein, welchen Bacchus selbst, dem Märchen zufolge, seinem sylvanischen Anherrn gelehrt haben sollte auszupressen, und zwar aus den ausgesuch=
testen Trauben, welche nur in einem gewissen, vom Himmel besonders begünstigten Districte des Weinbergs von Monte Beni zu reifen pflegen.

Die Familie, wie noch bemerkt sein mag, war theils stolz auf diese Legenden, theils schämte sie sich ihrer; aber welchen Theil von ihnen sie auch geneigt sein mochten der Geschichte ihrer Ahnen einzuverleiben, so wiesen sie doch alles beharrlich zurück, was sich auf jenen Einen besondern Familienzug, die gespitzten und pelzigen Ohren bezog. Uebrigens fand der Bildhauer, laut dem Zeugniß einiger alter Portraits, daß die Gesichtszüge des Geschlechts seit langer Zeit demjenigen ähnlich waren, welche er jetzt an Donatello erblickte. Richtig ist, daß mit den zunehmenden Jahren das Gesicht der Monte Beni die Neigung zeigte, einen düstern und wilden Ausdruck anzunehmen. Und in zwei oder drei Fällen grinsten die Familienportraits den Beschauer an, wie irgend ein mürrisches Thier, welches mit den Jahren seinen guten Humor verloren hat.

Der junge Graf gestattete seinen Gästen volle Freiheit, die persönlichen Annalen dieser gemalten Würdenträger sowohl als des ganzen Restes seiner Ahnen zu durchfor=
schen; und umfangreiches Material fand sich in vielen Kisten voll wurmzerfressener Papiere und vergilbter Do=
cumente. Aber die Wahrheit zu sagen, die durch diese

dumpfigen Documente gewährte Kenntniß war so bei weitem prosaischer, als was Kenyon aus Tomaso's Legenden erfahren hatte, daß selbst die größere Glaubwürdigkeit der ersteren ihn mit ihrer Trockenheit nicht aussöhnen konnte.

Was den Bildhauer besonders ergötzte, war die Analogie zwischen Donatello's Charakter, wie er ihn kannte, und jenen besondern Zügen, welche nach des alten Kellermeisters Erzählung seit langem in der Familie erblich gewesen sein sollten. Auch war er erfreut, in Erfahrung zu bringen, daß nicht blos Tomaso, sondern auch die Bauern des Stammguts und des benachbarten Dorfes seinen Freund als einen Monte Beni vom echten Originaltypus erkannten. Sie schienen eine große Neigung für den jungen Grafen zu hegen und waren reich an Geschichten in Betreff seiner muntern Kindheit: wie er mit den kleinen Bauerjungen gespielt hätte, und zugleich der wildeste und der sanfteste von ihnen gewesen sei; und wie er in seiner Kindheit in die Bäche und Teiche niedergetaucht sei, ohne zu ertrinken; und wie er auf die obersten Zweige der hohen Bäume geklettert sei, ohne jemals den Hals zu brechen. Kein solcher Unfall konnte diesem Naturkinde begegnen, weil er alle Elemente der Natur so furchtlos und frei behandelte, daß nichts weder die Macht noch den Willen hatte, ihm Schaden zuzufügen.

Er wuchs auf, sagten diese bäuerischen Freunde, nicht nur als der Spielgenoß aller menschlichen Wesen, sondern auch der Geschöpfe des Waldes; obschon wenn Kenyon auf die Mittheilung einiger Einzelheiten dieser letztern Art von Kameradschaft drang, sie wenig mehr erzählen konnten, als ein paar Anekdoten von einem im Hause gehaltenen Fuchs, welcher nach jedermann zu schnappen und jedermann anzubellen gewohnt war, außer Donatello selbst.

Aber ausführlich sprachen sie von der fröhlichen Wirkung, welche Donatello's Gegenwart in seiner rosigen Kindheit und knospenden Jugend ausübte. Ihre Hütten glänzten immer wie von Sonnenschein, wenn er in sie eintrat, sobaß ihr junger Herr, wie die Bauern sich ausdrückten, niemals in seinem Leben einen Thorweg verfinstert habe. Er war die Seele der Weinlesefeste, während er noch ein bloses Kind war; als er noch kaum fähig zu sein schien, allein zu gehen, hatte man die Gewohnheit, ihn mit seinem kleinen zarten Fuß den Wein auspressen zu lassen, wenn auch nur aus einer Weintraube. Und der Traubensaft, welcher unter seinem kindischen Tritt hervorquoll, mochte er auch an Menge noch so gering sein, war genügend, einem ganzen Fasse voll Wein ein angenehmes Aroma zu ertheilen. Das Geschlecht der Monte Beni, so versicherten diese bäurischen Chronikanten dem Bildhauer, hätte seit den ältesten Zeiten die Gabe besessen, aus Trauben der gewöhnlichsten Sorte guten Wein, aus der Auslese ihres Weinbergs aber ein entzückendes Getränk zu pressen.

Mit einem Worte, Kenyon hätte, als er diese Erzählungen vernahm, sich einbilden können, daß die Thäler und Hügellandschaften rings um ihn ein wahres Arkadien seien, und daß Donatello nicht blos ein Waldfaun, sondern der Weingott in höchst eigener Person sei. Wie sehr er nun auch die dichterische Phantasie italienischer Bauern in Rechnung bringen mochte, das Eine schien ihm gewiß zu sein, daß sein Freund in einfacher Weise und unter bäuer=

lichem Volk in seinen jungen Tagen ein ganz ausgezeichnet köstlicher Bursche gewesen sein müsse.

Aber die Contadini's fügten zuweilen hinzu, indem sie traurig ihre Köpfe schüttelten und seufzten, daß der junge Graf, seit er nach Rom gereist sei, sich traurig verändert habe. Die Dorfmädchen vermißten jetzt das heitere Lächeln, mit welchem er sie zu grüßen pflegte.

Der Bildhauer fragte seinen guten Freund Tomaso, ob auch er von dem Schatten Kenntniß habe, welcher, wie man sagte, kürzlich auf Donatello's Leben gefallen sei.

„Ja wohl," antwortete der alte Kellermeister, „es verhält sich wirklich so, seit er aus dieser verruchten und elenden Stadt zurückkam. Für solche Männer, als die alten Grafen von Monte Beni zu sein pflegten, ist die Welt entweder zu böse oder vielleicht auch zu klug und zu mürrisch geworden. Seine erste Berührung mit ihr, wie Ihr seht, hat meinen jungen Herrn verändert und trübe gestimmt. Seit hundert Jahren und mehr gab es keinen einzigen Grafen in der Familie, welcher so ein wahrhafter Monte Beni von altem Stempel gewesen wäre, als dieser arme Signorino, und jetzt fühle ich mir die Augen übergehen, wenn ich ihn über ein Bischen Sonnenschein seufzen höre! Ach, es ist jetzt eine traurige Welt!"

„Ihr meint also, daß die Welt früher eine fröhlichere war?"

„Sicherlich, werther Signor! eine fröhlichere Welt, und fröhlicher auch die Grafen von Monte Beni, die in ihr lebten! Was waren das für Geschichten, die ich von ihnen hörte, als ich noch als Kind auf meines Großvaters Knie saß! Der gute alte Mann gedachte eines Herrn von Monte Beni — wenigstens hatte er von einem solchen gehört und ich möchte keinen Eid auf das heilige Kreuz darauf nehmen, daß mein Großvater wirklich in seiner Zeit lebte — welcher in die Wälder zu gehen und niedliche Mädel aus den Quellen, und aus den Stämmen der alten Bäume herauszurufen pflegte. Von diesem fröhlichen Herrn war es bekannt, daß er mit ihnen einen ganzen Sommernachmittag lang getanzt habe. Wann werden wir wieder solch' lustige Streiche in unsern Tagen erleben?"

„Ich fürchte, nicht sobald!" bemerkte der Bildhauer. „Ihr habt Recht, vortrefflicher Tomaso, die Welt ist jetzt freudloser."

Und in Wahrheit, während unser Freund über diese närrischen Fabeln lächelte, seufzte er zugleich bei dem Gedanken, daß die einst so fröhliche Erde mit jeder folgenden Generation weniger Blumen hervorbringt, als womit sie die vorhergehenden zu erfreuen pflegte. Nicht, daß die Arten und Möglichkeiten menschlichen Vergnügens in unserer raffinirten Aera seltener geworden seien — im Gegentheil, sie waren vorher niemals fast so im Ueberfluß vorhanden — aber wohl ist die Menschheit so weit über ihr Jugendalter hinausgewachsen, daß sie sich darüber schämen würde, wollte sie irgend länger glücklich sein. Ein einfacher und fröhlicher Charakter kann keinen Platz finden unter diesen überklugen und mürrischen Gestalten, welche sich über seine natürliche Heiterkeit nur lustig machen würden. Das ganze System menschlicher Angelegenheiten, wie es gegenwärtig eingerichtet ist, scheint ausschließlich zu dem Zweck erbaut zu sein, Harmlosigkeit und Gemüthlichkeit auszuschließen. Sogar die Kinder würden des unglücklichen Individuums spotten, welches das Leben und die Welt für das nehmen wollte, wofür man sie doch natürlicher Weise geschaffen glauben muß, nämlich für einen Platz und für die Gelegenheit sich zu vergnügen.

In der Gegenwart gilt die eiserne Regel, daß man ein Lebensobject und einen Lebenszweck haben muß. So werden wir alle Theile eines complicirten Fortschrittplans, welcher schließlich nur dahin führen kann, daß wir in einer kältern und trockenern Region anlangen als diejenige, in welcher wir geboren wurden. Jedermann wird genöthigt, irgend etwas zu einer aufgehäuften Menge von Nützlichkeit beizutragen, wovon der einzige Nutzen der sein wird, unsere Nachkommenschaft mit selbst noch schwereren Gedanken und noch ungemessenerer Arbeit zu belasten, als uns zu Theil geworden. Kein Leben strömt jetzt wie ein ungefesselter Strom dahin, auch das kleinste Bächelchen muß ein Mühlenrad drehen. Wir gehen alle unrecht, in Folge unseres zu großen Eifers, recht zu gehen.

Daher geschah es — so wenigstens glaubte der Bildhauer, obschon er etwas von Donatello's dunklerem Unglück ahnte — daß es für den jungen Grafen unmöglich war, heut zu Tage das zu sein, was seine Vorfahren gewesen waren. Er konnte nicht ihr gesundes Leben voll natürlicher Impulse führen, so voll Sympathie mit der Natur, so voll Brüderlichkeit mit allem, was um sie herum athmete. In Thieren, Vögeln und Bäumen, in der Erde, in der Fluth und am Himmel ist die Natur, was sie vor Alters gewesen ist, aber Sünde, Sorge und Selbstbewußtsein haben das rein Menschliche in der Welt ausgelöscht, und so läuft gerade der einfachste Charakter Gefahr, sich am ehesten zu verirren.

„Um jeden Preis, Tomaso," sagte Kenyon, indem er sein bestes that, den alten Mann zu trösten, „laßt uns hoffen, daß Euer junger Herr sich noch zur Weinlesezeit erfreuen wird. Nach dem Ansehen des Weingartens zu urtheilen, wird dies ein ausgezeichnetes Jahr für den goldenen Wein von Monte Beni sein. So lange wie eure Trauben diesen bewundernswerthen Trank hervorbringen werden, wie traurig Euch auch die Welt erscheinen mag, weder der Graf noch seine Gäste das Lächeln ganz vergessen."

„Ach, Signor," versetzte der Kellermeister mit einem Seufzer, „er befeuchtet nur leider kaum seine Lippen mit dem sonnigen Safte."

„Doch gibt es noch eine andere Hoffnung," bemerkte Kenyon; „der junge Graf kann sich verlieben, und ein heiteres und lachendes Weib heimführen, um die Düsterniß aus jenem alten, mit Fresken bedeckten Saale zu vertreiben. Denkt Ihr, er könnte etwas Besseres thun, mein guter Tomaso?"

„Vielleicht nicht, Signor," sagte der verständige Kellermeister, indem er ihn ernst anblickte; „und vielleicht nichts Schlimmeres!"

Der Bildhauer glaubte, daß der gute alte Mann halb und halb entschlossen sei, eine Bemerkung zu machen, oder eine Thatsache mitzutheilen, was er aber bei weiterer Ueberlegung in seiner Brust verborgen zu halten beschloß. Denn er verabschiedete sich jetzt und ging nach dem Keller, indem er sein weißes Haupt schüttelte und in sich hineinmurmelte, und er erschien bis zur Mittagszeit nicht wieder, wo er Kenyon, welchem er seine Gunst geschenkt hatte, mit einer ausgesuchteren Flasche Sonnenschein begünstigte, als bis jetzt seinen Gaumen beglückt hatte.

Die Wahrheit zu sagen, war dieser goldene Wein kein unnöthiges Ingredienz, um das Leben von Monte Beni schmackhaft zu machen. Es schien ein Jammer, daß Donatello nicht ein wenig mehr davon trank, und wenigstens heiter zu Bette ging, sogar wenn er den nächsten Morgen mit einer Zunahme düsterer Traurigkeit erwachen sollte.

Demungeachtet war kein Mangel an äußeren Mitteln, um ein angenehmes Leben in der alten Villa zu führen. Wandernde Musikanten besuchten den Bezirk von Monte Beni, wo sie ein verjährtes Recht zu beanspruchen schienen; sie erfüllten und belebten die Wiese und das Gesträuch mit den Tönen von Geige, Harfe und Flöte, und dann und wann mit dem Gequiek eines Dudelsackes. Improvisatoren kamen gleichfalls und erzählten den Contadini's — unter welchen Kenyon sich oft als Zuhörer befand — nach ihrer Tagesarbeit in den Weingärten Geschichten oder trugen ihnen Verse vor. Auch Gaukler erhielten Erlaubniß, Wunderthaten im Saale zu vollbringen, wo sie alle mit einfältigem, aus Heiterkeit und Verwunderung vermischten Grausen saßen, sogar der verständige Tomaso und Stella, Girolamo und die Landmädchen aus dem Pachtgute. Diese wandernden Leute erhielten Nahrung und Wohnung, und etwas von dem toskanischen Wein geringerer Qualität und eine ziemliche Handvoll von des Großherzogs Kupfermünze für die angenehme Mühe, den gastfreundlichen Ruf von Monte Beni aufrecht zu erhalten. Aber sehr selten hatten sie den jungen Grafen als Zuhörer oder Zuschauer.

Zuweilen fanden Tänze bei Mondlicht auf der Wiese statt, aber nie seit er von Rom kam, färbte Donatello's Gegenwart die Wangen der hübschen Landmädchen mit einem tieferen Roth, oder ermüdete sein Tanzschritt den behendesten Gegner oder Nebenbuhler, wie er dies einst sicher that.

Arme Leute — denn diese Art von Menschen machte das Haus von Monte Beni unsicherer als irgend einen andern Ort des von Bettlern heimgesuchten Italiens — standen unter allen Fenstern, indem sie laute Bitten erhoben, und sich sogar auf den Marmorstufen des großen Einganges niederließen. Sie aßen und tranken, und füllten ihre Säcke, und steckten das ihnen dargereichte kleine Geld ein, und gingen auf ihren Vagabundenpfaden weiter, indem sie unzählige Segnungen auf die Behausung und ihren Herrn, und auf die Seelen seiner dahingeschiedenen Vorfahren schütteten, weil diese immer eben solche Einfaltspinsel gewesen, um für Bettelei Mitleid zu empfinden. Aber trotz ihrer frommen Gebete schien eine Wolke über diesen einst Arkadischen Bezirken zu hängen, und am düstersten um die Spitze des Thurmes, wo Donatello zu sitzen und zu grübeln pflegte.

Neuntes Kapitel.

Mythen.

Nach des Bildhauers Ankunft kam jedoch der junge Graf zuweilen von seiner einsamen Höhe herab, und strich mit ihm unter den umgebenden Wäldern und Hügeln umher. Er führte seinen Freund zu vielen bezaubernden Stellen, mit welchen er in seiner Kindheit vertraut gewesen war. Aber seit Kurzem, wie er gegen Kenyon bemerkte, waren sie ihm in gewissen Graden fremd geworden und wie mit Büscheln dunklen Gewächses überzogen, sodaß er kaum die Plätze wiedererkannte, welche er so wohl gekannt und geliebt hatte.

Für des Bildhauers Augen waren sie trotzdem noch an Schönheit reich. Sie hatten noch jenen angenehmen, sich einschmeichelnden Charakter malerischer Schönheit, die dann entsteht, wenn sich Wildheit in einem langen Zeitraume von Jahren über Gegenden ausgebreitet hat, welche einst von der sorgfältigen Kunst und Arbeit der Menschen ihren Schmuck erhalten hatte; und als die Menschen nichts mehr für sie thun konnten, kamen Zeit und Natur und arbeiteten Hand in Hand, sie zu einer milden und ehrwürdigen Vollkommenheit zu bringen. Da wuchs der Feigenbaum, welcher wild empor= geschossen und nun mit der Weinpflanze vermählt war, die, ebenfalls wuchernd, sich von aller menschlichen Herr= schaft befreit hatte, sodaß sich die beiden ausgelassenen Dinger zu einem wilden Ehebund verknotet und verschlun= gen und ihre vermischte Nachkommenschaft — die über= süße Feige, die Trauben, von süßlichem Safte quellend, und beide mit einem wilden, zauberhaften Wohlgeschmacke ausgestattet — zusammen auf demselben Zweige hängen hatten.

Nach Kenyon's Meinung war nie ein anderer Fleck so lieblich wie ein gewisses kleines Thal, welches er und Do= natello besuchten. Es war von einem Kranz von Hügeln eingeschlossen und mit einem Blick ließ sich das weite, fruchtbare Thal übersehen. Es entsprang hier eine Quelle, die in ein Marmorbecken fiel, welches ganz mit Moos be= deckt und von Wasserpflanzen umhangen war. Ueber dem Quell des kleinen Stroms, mit einer Urne in ihren Ar= men, stand eine Nymphe aus Marmor, deren Nacktheit das Moos freundlich mit einer Gewandung bekleidet hatte, und die langen Fasern und Flechten des Frauenhaares hatten für das arme Ding gethan, was sie thun konnten, indem sie sich um ihren Gürtel hingen. In frühern sehr entfernten Tagen hatte das Brunnenmädchen zuerst den jungen Strom in ihre Urne aufgenommen und ihn von da in das Marmorbecken gegossen. Aber jetzt hatte die Urne vom Rande bis zum Boden einen großen Riß; und die mißvergnügte Nymphe mußte das Becken sich durch einen Kanal füllen sehen, welchen sie nicht controliren konnte.

Aus diesem, oder irgend einem anderen Grunde sah sie schrecklich verlassen aus, so daß man sich hätte versucht fühlen können zu glauben, die ganze Fontaine rühre nur von ihren überfließenden einsamen Thränen her.

„Dies war ein Platz, an welchem ich großes Vergnügen zu finden pflegte," bemerkte Donatello seufzend. „Als Kind und als Knabe bin ich hier sehr glücklich gewesen."

„Und als Mann würde ich nach keinem passenderen Platze fragen, um glücklich darin zu sein," antwortete Kenyon. „Auch Ihr, mein Freund, seid von einer solch' geselligen Natur, daß ich kaum geglaubt haben würde, diese einsamen Plätze könnten Eure Phantasie in Anspruch nehmen. Es ist ein Platz für einen Poeten, um an ihm zu träumen und ihn mit den Wesen dichterischer Einbildungskraft zu erfüllen."

„Ich bin kein Poet, soviel ich weiß," sagte Donatello, „aber doch, wie ich Euch sage, bin ich hier, in der Gesellschaft dieses Springbrunnens und dieser Nymphe, sehr glücklich gewesen. Es wird erzählt, daß ein Faun, mein Vorfahr, hierher, gerade auf diesen Platz, ein menschliches Mädchen heimgeführt habe, welches er liebte und heirathete. Dieser Quell köstlichen Wassers war der Brunnen ihres Haushaltes."

„Es ist eine der bezauberndsten Fabeln," rief Kenyon, „insofern es keine Thatsache ist."

„Und weshalb keine Thatsache?" sagte der naive Donatello. „Es gibt noch eine andere hübsche alte, mit dieser

Stelle verknüpfte Erzählung. Aber jetzt, da ich mich ihrer erinnere, erscheint sie mir mehr traurig als heiter, obgleich das Schmerzliche, das ihr innewohnt, mich früher nicht so sehr ergriff. Wenn ich die Gabe hätte, Geschichten zu erzählen, diese eine würde Euch sicher mächtig fesseln."

„Bitte, erzählt sie," sagte Kenyon; „es thut nichts, ob schlecht oder gut. Diese naiven Legenden haben oft den mächtigsten Zauber, gerade wenn sie nicht sehr kunstvoll vorgetragen werden."

Nun erzählte der junge Graf eine Mythe von einem seiner Vorfahren — er mochte ein Jahrhundert früher, oder vor eintausend Jahren, oder auch vor der christlichen Epoche gelebt haben — welcher mit einem schönen, dieser Quelle zugehörigen Wesen Bekanntschaft gemacht hatte. Ob Weib oder Geist, war ein Geheimniß, sowohl wie alles um sie her, ausgenommen daß ihr Leben und ihre Seele auf irgend eine Art mit dem ganzen Wasser verschmolzen waren. Sie war ein frisches, kühles, thauiges Ding, sonnig und düster, voll von angenehmen, kleinen Neckereien, veränderlich und launisch, je nach dem Augenblick, aber doch wieder so beständig wie ihr Geburtsstrom, welcher für immer seine Strömung und seinen Lauf behält, während Marmor über ihm und um ihn zerbröckelt. Das Quellenweib liebte den Jüngling — einen Ritter nannte ihn Donatello — denn nach der Sage war sein Geschlecht mit dem ihren verwandt. Wenigstens, ob verwandt oder nicht, hatte vormals zwischen einem Vorfahr von ihm, mit pelzigen Ohren, und der lang lebenden Nymphe ein zärtliches Verhältniß bestanden. Und nach allen jenen Jahrhunderten war sie noch immer so jugendlich wie ein Maimorgen, und so fröhlich wie ein Vogel auf einem Baum, oder wie ein Lüftchen, das Scherz mit den Blättern treibt.

Sie lehrte ihn, wie sie aus ihrer kieseligen Quelle zu rufen sei, und sie verlebten viele glückliche Stunden zusammen, vorzüglich in der Hitze der Sommertage. Denn oft, wenn er ihrer wartend an dem Rand der Quelle saß, fiel sie plötzlich in einem Schauer von sonnigen Regentropfen, mit einem Regenbogen durch sie hindurch schimmernd, um ihn nieder und fügte sich sofort zu der Gestalt eines schönen Mädchens zusammen, indem sie — oder war es das Geräusch des Bächleins über dem Kiesel? — über des Jünglings Erstaunen lachte.

So nun, mit Hülfe dieses liebreichen Mädchens, wurde die heiße Atmosphäre köstlich erfrischend und duftend für diesen begünstigten Ritter; und ferner, wenn er niederknicte, aus der Quelle zu trinken, war nichts häufiger, als daß ein Paar rosige Lippen aus der Fluth emportauchten und seinen Mund mit dem Hauche eines süßen, kühlen, thauigen Kusses berührten.

„Es ist eine köstliche Erzählung für den heißen Nachmittag Eures toscanischen Sommers," bemerkte der Bildhauer bei dieser Stelle. „Aber dieses Benehmen der Wasserfrau muß in der Mitte des Winters einen sehr frostigen Eindruck gemacht haben, und würde von ihrem Geliebten im buchstäblichen Sinne des Worts als ein kalter Empfang empfunden worden sein."

„Ich glaube," sagte Donatello fast mürrisch, „Ihr macht einen Scherz aus der Geschichte. Aber ich sehe nichts lächerliches in der Sache selbst, noch in dem, was Ihr darüber sagt."

Er fuhr zu erzählen fort, daß für eine lange Zeit der Ritter unendliches Vergnügen und Trost in der Freundschaft der Nymphe fand. In seinen heitersten Stunden erfreute sie ihn durch ihre schalkhafte Laune. Wenn er je durch irdische Sorgen beunruhigt war, legte sie ihre feuchte Hand auf seine Stirn, und zauberte den Zorn und die Aufregung vollkommen hinweg.

Aber eines Tages — an einem verhängnißvollen Mittag — kam der junge Ritter mit heftigen und unregelmäßigen Schritten zu dem gewohnten Brunnen gestürzt. Er rief die Nymphe; aber — ohne Zweifel weil etwas Ungewöhnliches und Schreckliches in seinem Tone war — sie erschien nicht, noch antwortete sie ihm. Er warf sich nieder, und wusch seine Hände und badete seine Stirn in dem kühlen, reinen Wasser. Und alsbald ertönte ein schmerzlicher Laut; war es eines Weibes Stimme? oder nur das Seufzen des Baches über den Kieseln? Das Wasser floß von des Jünglings Hand hinweg, und ließ seine Stirn so trocken und fieberisch wie zuvor.

Donatello machte hier eine dumpfe Pause.

„Warum floß das Wasser von diesem unglücklichen Ritter hinweg?" fragte der Bildhauer.

„Weil er versucht hatte, einen Blutfleck abzuwaschen!" sagte der junge Graf flüsternd und wie von Entsetzen erfaßt. „Der verbrecherische Mann hatte das reine Wasser verdorben. Die Nymphe würde ihn im Schmerz getröstet haben, aber sein Gewissen von einem Verbrechen zu reinigen, das vermochte sie nicht."

„Und sah er sie nie wieder?"

„Nie, außer ein einziges Mal," erwiderte Donatello.

„Er sah ihr gesegnetes Antlitz nie außer dieses eine Mal, und da war ein Blutfleck auf der armen Nymphe Stirne, es war der Fleck, den seine Schuld in dem Brunnen zurückgelassen hatte, wo er ihn abzuwaschen suchte. Er trauerte sein ganzes Leben hindurch um sie, und veranlaßte den besten Bildhauer der Zeit, diese Statue der Nymphe, nach seiner Beschreibung ihres Aussehens, anzufertigen. Aber, obgleich mein Vorfahr gern gesehen hätte, daß das Bildniß der Nymphe ihren heitersten Blick trage, war der Künstler, Euch unähnlich, von dem traurigen Inhalt der Erzählung so ergriffen, daß er, trotz seiner besten Anstrengungen, sie in Schmerz versenkt und auf ewig weinend schuf, wie Ihr seht!"

Kenyon fand in dieser einfachen Legende einen gewissen Zauber. Sie erschien ihm wie eine lehrreiche Fabel, in der die besänftigenden und, mit Absicht oder ohne Absicht, erheiternden Wirkungen eines innigen Verkehrs mit der Natur, in allen gewöhnlichen Sorgen und Schmerzen, dargestellt sein sollten, wogegen ihre milden Einflüsse nicht hinreichen, Wirkung auf die roheren Leidenschaften zu üben, und in dem schrecklichen Fieberanfall und der tödtlichen Erstarrung durch Schuld völlig machtlos sind.

„Und hat," fragte er, „der Nymphe liebliches Antlitz seitdem sich nie wieder einem Sterblichen gezeigt? Ich glaube, Ihr seid durch Eure ursprünglichen Eigenschaften ebensowohl zu ihrer Gunst berechtigt, als es je Euer Vorfahr gewesen sein konnte. Warum habt Ihr sie nicht heraufgerufen?"

„Ich rief sie oft, als ich ein einfältiges Kind war," antwortete Donatello; „und," fügte er mit einer tief erregten

Stimme hinzu, — „Dank sei dem Himmel, sie kam nicht!"

„Also saht Ihr sie nie?" sagte der Bildhauer.

„Nie in meinem Leben!" versetzte der Graf. „Nein, mein lieber Freund, ich habe die Nymphe nicht gesehen, obgleich ich, hier bei ihrer Quelle, viele seltsame Bekanntschaften zu machen pflegte; denn von meiner frühesten Kindheit an stand ich mit allen Geschöpfen, die nur immer die Wälder heimsuchen, auf vertrautem Fuße. Ihr würdet gelacht haben über die Freunde, die ich unter ihnen hatte; ja unter den wilden, flüchtigen Dingern, welche die Menschen zu ihren tödtlichsten Feinden zählen! Wie es mir zuerst gelehrt ward, kann ich nicht sagen; aber es war ein Zauber — eine Stimme, ein Murmeln, eine Art Musik — womit ich die Waldbewohner, das mit Pelz bekleidete Volk und das befiederte Volk, in einer Sprache rief, die sie zu verstehen schienen."

„Ich habe von solch einer Begabung gehört," antwortete der Bildhauer ernst, „doch begegnete ich zuvor nie einer Person, die damit ausgestattet war. Bitte, versucht den Zauber! Und damit ich Eure Freunde nicht hinwegschrecke, will ich mich in dieses Dickicht zurückziehen und nur verstohlen nach ihnen blicken."

„Ich zweifle," bemerkte Donatello, „ob sie sich meiner Stimme noch erinnern werden. Sie verändert sich, wie Ihr wißt, sobald der Knabe gegen das Mannesalter heran reift."

Aber Gutmüthigkeit und Gefälligkeit gehörten zu des Grafen besten Eigenschaften, und so machte er bald Anstalt, Kenyon's Wunsche zu genügen. Der Letztere hörte

ihn, in seinem Zufluchtsort unter den Gebüschen, eine Art
modulirenden Athems ausstoßen, wild, roh, obgleich har=
monisch. Es berührte den Zuhörer wie der fremdartigste
und zugleich natürlichste Ton, welcher je sein Ohr erreicht
hatte. Vielleicht, wenn irgend ein müßiger Bube für sich
sänge und seinen wortlosen Gesang nach keiner andern
oder bestimmteren Melodie, als dem Spiel seiner Pulse
richtete, so würde er vielleicht einen diesem ziemlich gleichen
Laut hervorbringen; und doch war er so einzig in seiner
Art wie das Murmeln des Lüftchens. Donatello ver=
suchte es wieder und immer wieder, anfangs mit vielen
Pausen von Ungewißheit, dann mit größerer Sicherheit
und einer vollerern Anschwellung, wie ein Wanderer, der
aus der Dunkelheit in das Licht tappt und sich mit freieren
Schritten bewegt, jemehr es sich um ihn her erhellt.

Der Laut hatte einen murmelnden, sanften, anlocken=
den, freundlichen Charakter. Der Bildhauer glaubte,
daß so die ursprüngliche Stimme und Sprachart des Na=
turmenschen gewesen sein möchte, ehe die Sophistik des
menschlichen Verstandes das bildete, was wir jetzt Sprache
nennen. In dieser Sprachweise könnte der menschliche
Bruder zu seiner stimmlosen Bruderschaft, welche die
Wälder durchstreift oder sich auf Flügeln emporschwingt,
gesprochen und bis zu dem Grade sich verständlich gemacht
haben, um ihr Vertrauen zu gewinnen.

Der Laut hatte zugleich sein Pathos. Bei einigen
seiner einfachen Cadenzen kamen Kenyon leise die Thränen
in die Augen. Sie quollen langsam aus seinem Herzen
empor, welches von einer süßen Bewegung durchschauert
war, die er zu zergliedern unterließ, damit nicht, wenn er

sich ihrer deutlich bewußt würde, sie plötzlich bei seiner Berührung vergehe.

Donatello pausirte zwei oder dreimal und schien zu lauschen; dann wieder beginnend, ergoß er seinen Geist und sein Leben ernstlicher in die Töne. Und endlich — oder es täuschten den Bildhauer seine Hoffnung und Einbildungskraft — wurden leise Tritte auf den gefallenen Blättern hörbar. Es war ein Geraschel unter dem Gebüsch, zugleich auch ein Geräusch von Flügeln, das in der Luft schwebte. Es mag dies alles eine Einbildung gewesen sein, aber Kenyon glaubte, die verstohlene, katzenähnliche Bewegung von einigen kleinen Waldbürgern, ja sogar ihren zweifelhaften Schatten, wenn nicht ihren Körper wahrnehmen zu können. Aber plötzlich, was auch immer der Grund sein mochte, erfolgte ein eiliges Hinweghuschen von kleinen Füßen; und dann hörte der Bildhauer einen wilden, schmerzensvollen Schrei, und er sah durch die Schatten des Dickichts, wie Donatello sich auf die Erde warf.

Aus seinem Zufluchtsort hervortretend, erblickte er kein lebendes Wesen, ausgenommen eine braune Eidechse durch den Sonnenschein hinwegraschelnd. Allem Anschein nach war dieses giftige, kriechende Thier die einzige Creatur, welche den Anstrengungen des jungen Grafen, seinen Verkehr mit den untern Klassen der Natur zu erneuern, Folge geleistet hatte.

„Was ist Euch zugestoßen?" rief Kenyon, sich über seinen Freund beugend, und sich über die Angst wundernd, die er verrieth.

„Todt, todt!" stöhnte Donatelle. „Sie wissen es!"

Er kroch neben die Quelle unter so leidenschaftlichem Stöhnen und Weinen, daß es schien, als sei sein Herz gebrochen und habe sich seiner wilden Schmerzen entledigt. Sein zügelloser Schmerz und seine kindischen Thränen überzeugten Kenyon davon, in wie geringem Grade die Gewohnheiten und Einschränkungen der Gesellschaft auf diesen jungen Mann gewirkt hatten, trotz der Ruhe seines gewöhnlichen Verhaltens. Zur Antwort auf die Bemühungen seines Freundes, ihn zu trösten, murmelte er Worte, kaum verständlicher als der eigenthümliche Gesang, welchen er eben erst in die Luft gehaucht hatte.

„Sie wissen es!" war alles, was Kenyon jetzt unterscheiden konnte. „Sie wissen es!"

„Wer weiß es? die Thiere des Waldes? Und was ist es, das sie wissen?"

„Sie wissen es!" wiederholte Kenyon zitternd. „Sie fliehen mich! Die ganze Natur bebt vor mir zurück und schaudert vor mir! Ich lebe mitten in einer Verdammniß, welche mich mit einem Feuerkreis umgiebt! Kein schuldloses Wesen kann mir nahe kommen."

„Seid ruhig, mein theurer Freund!" sagte Kenyon, neben ihn niederknieend. „Ihr leidet unter einer Einbildung und nicht unter einer Verdammniß. Was diesen eigenthümlichen Zauber betrifft, welchen Ihr ausgeübt habt, und von welchem ich früher gehört habe, obgleich ich nie daran glaubte, so weiß ich jetzt zur Genüge, daß Ihr ihn noch besitzt. Es war ohne Zweifel meine halbverborgene Gegenwart und eine unwillkürliche Bewegung von mir, was Eure Waldfreunde hinwegscheuchte."

„Sie sind nicht länger meine Freunde," antwortete Donatello.

„Wir alle, wenn wir älter werden," erwiderte Kenyon, „verlieren etwas von unserer Verwandtschaft mit der Natur. Es ist der Preis, den wir für die Erfahrung zahlen."

„Ein schwerer Preis!" sagte Donatello, sich von der Erde erhebend. „Aber wir wollen nicht mehr davon sprechen. Vergeßt diese Scene, mein lieber Freund. In Euren Augen muß sie sehr albern erscheinen. Mich dünkt, es ist für alle Menschen ein Schmerz, finden zu müssen, daß die köstlichen Vorrechte und Besitzthümer des frühern Lebens von ihnen scheiden. Dieser Schmerz hat sich eben meiner bemächtigt. Gut, ich werde um solch einer Ursache willen keine Thräne mehr vergießen!"

Nichts sonst machte Kenyon eine Veränderung bei Donatello so fühlbar, als seine kürzlich erworbene Fähigkeit, mit seinen eigenen Gemüthsbewegungen zu kämpfen, und sie nach einem mehr oder minder heftigen Kampf in die Gefängnißzellen hinabzudrängen, wo er sie für gewöhnlich gefangen hielt. Den Zwang, welchen er sich jetzt auferlegte, und die Maske dumpfer Gemüthsruhe, welche es ihm gelang über sein noch schönes und einst faunähnliches Antlitz zu ziehen, berührte den gefühlvollen Bildhauer trauriger, als sogar die zügellose Leidenschaft der vorhergehenden Scene. Es ist eine sehr unglückliche Epoche, wenn die bösen Bedürfnisse des Lebens in unserer unheilvollen Welt zum ersten Mal so viel Macht über uns erlangen, daß sie uns nöthigen zu versuchen, eine Wolke über unsere offene Natur zu breiten. Die Einfachheit steigt umsomehr im

Werth, je länger wir sie bewahren können und je weiter wir sie ins Leben mit uns nehmen; der Verlust von eines Kindes Einfachheit, in dem unvermeidlichen Verlauf von Jahren, verursacht nur einen oder zwei natürliche Seufzer, weil sogar seine Mutter fürchtet, daß es sie nicht immer behalten könne. Aber nachdem ein junger Mann sie seine Kindheit hindurch bewahrt und sie noch immer in seiner Brust getragen hat, nicht wie einen frühen Thautropfen, sondern wie einen Diamant von reinem, weißen Glanz — dann ist es ein Jammer, sie zu verlieren. Und Kenyon, als er sah, wie viel sein Freund jetzt zu verbergen hatte und wie gut er es verbarg, hätte darüber weinen können, obgleich seine Thränen sogar noch unnützer gewesen sein würden, als jene, welche Donatello eben vergossen hatte.

Sie trennten sich an dem offenen Platz vor dem Haus, der Graf um seinen Thurm zu ersteigen, der Bildhauer um eine alte Ausgabe von Dante zu lesen, welche er unter einigen alten Bänden frommer katholischer Literatur in einem selten besuchten Zimmer gefunden hatte. Tomaso begegnete ihm in der Eintrittshalle und schien etwas sagen zu wollen.

„Unser armer Signorino sieht heute sehr traurig aus!" sagte er.

„Allerdings, guter Tomaso," versetzte der Bildhauer. „Ich wollte, wir könnten ihn ein wenig aufheitern!"

„Es dürfte Mittel geben, Signor," antwortete der alte Kellermeister, „wüßte man nur, daß sie die rechten seien. Wir Männer sind für einen kranken Körper oder kranken Geist nur rauhe Pfleger."

„Frauen, würdet Ihr sagen, mein guter Freund, sind

besser," bemerkte der Bildhauer, durch einen verständniß-
vollen Ausdruck in dem Gesicht des Kellermeisters überrascht. „Das ist möglich! Aber es läßt auf sich warten."

„Ach! wir wollen ein wenig länger warten," sagte Tomaso, indem er, wie gewöhnlich, bedächtig das Haupt
schüttelte.

Zehntes Kapitel.

Der Eulenthurm.

„Wollt Ihr mir nicht Euren Thurm zeigen?" sagte der Bildhauer eines Tages zu seinem Freunde.

„Man kann ihn deutlich genug sehen, dünkt mich," antwortete der Graf mit einem Anflug von Trübsinn, welcher oft, als eins von den kleinen Symptomen innerer Sorge, an ihm sichtbar wurde.

„Ja, sein Aeußeres ist weit und fern sichtbar," sagte Kenyon. „Aber solch ein grauer, moosbewachsener Thurm wie dieser, der zugleich ein werthvoller Gegenstand der Scenerie ist, wird von Innen gewiß gleich interessant wie von Außen sein. Er kann nicht weniger als sechshundert Jahre alt sein; das Fundament und Untergeschoß sind sogar viel älter, sollte ich meinen; und wahrscheinlich hängen sich innen an die Mauern Sagen, ganz in derselben Fülle, in der sich das graue und gelbe Aftermoos an seiner Außenseite häuft."

„Ohne Zweifel," erwiberte Donatello; „aber ich weiß wenig von solchen Dingen, und konnte nie das Interesse begreifen, welches einige Eurer Forestieri daran nehmen.

Vor ein oder zwei Jahren kam ein englischer Signor, mit einem ehrwürdigen, weißen Bart — sie sagen, er sei auch ein Magiker gewesen — von einer Entfernung wie etwa von Florenz hierher, nur um meinen Thurm zu sehen.

„Ach, ich habe ihn in Florenz getroffen," bemerkte Kenyon. „Er ist ein Schwarzkünstler, wie Ihr sagt, und wohnt in einer alten Behausung der Tempelritter, dicht bei dem Ponte Vecchio, mit sehr vielen gespenstischen Büchern, Gemälden und Alterthümern, das Haus düster zu machen, und einem helläugigen Mädchen, es heiter zu erhalten!"

„Ich kenne ihn nur an seinem weißen Bart," sagte Donatello, „aber er hätte Euch sehr viel über den Thurm und die Belagerungen, welche er ausgehalten hat, und über die Gefangenen, die in ihm eingeschlossen waren, erzählen können. Er sammelte alle Sagen des Geschlechts der Monte Beni, und unter den übrigen auch die traurige, die ich Euch am vorigen Tag bei der Quelle erzählte. Er hat, wie er sagt, gewaltige Dichter in seinem frühern Leben gekannt; und der Berühmteste von ihnen würde erfreut gewesen sein, solch eine Legende in unsterblichen Reimen zu verewigen, — vorzüglich wenn er etwas von unserm Wein ‚Sonnenschein' hätte haben können, seiner Begeisterung aufzuhelfen."

„Jedermann könnte so gut wie Byron mit solchem Wein und solch einem Gegenstand ein Poet sein," versetzte der Bildhauer. „Aber werden wir Euren Thurm ersteigen? Der Gewittersturm, welcher sich dort unter den Hügeln zusammenzieht, wird ein sehenswerthes Schauspiel sein."

„Kommt denn!" sagte der Graf, und mit einem Seufzer fügte er hinzu: „Der Thurm hat eine schwer zu ersteigende

Treppe, und traurige Gemächer, und es ist sehr einsam auf der Kuppe!"

"Wie das Leben eines Menschen, wenn er eine hervorragende Höhe erreicht hat," bemerkte der Bildhauer; "oder laßt uns lieber sagen, mit seinen schwierigen Treppen und den dunkeln Gefängnißzellen, von welchen Ihr sprecht, gleicht Euer Thurm den Prüfungen mancher sündhaften Seele, welche sich trotzdem zuletzt in die reine Luft und das Licht des Himmels emporkämpft!"

Donatello seufzte wieder und ging beim Ersteigen des Thurmes voraus.

Die breite von der Eintrittshalle hinaufführende Treppe emporsteigend, kreuzten sie die große Oede eines Hauses, einige dunkele Durchwege hindurch, und gelangten zu einem niedern, alten Thorweg. Er führte zu einer engen Thurmtreppe, welche im Zickzack aufwärts führte, in ihrem Lauf durch Schießscharten und eisenvergitterte Fenster erhellt. Das Ende der ersten Treppe erreichend, öffnete der Graf eine Thür von wurmzerfressenem Eichenholz und mit ihr ein Zimmer, welches die ganze Breite des Thurmes einnahm. Es war von bemitleidenswerth verlassenem Aussehen, mit einem steingepflasterten Boden, mit blosen eisenvergitterten Löchern durch die massiven Mauern, anstatt der Fenster; als Geräth diente ein alter Sessel, welcher die Traurigkeit des Platzes zehnfach erhöhte, indem er die Vermuthung nahe legte, daß er einst vermiethet gewesen sei.

"Dies war in den alten Tagen die Zelle eines Gefangenen," sagte Donatello; "der weißbärtige Schwarzkünstler, von welchem ich Euch erzählte, forschte aus, daß hier etwa fünfhundert Jahre früher ein gewisser berüchtigter Mönch gefangen war. Er war ein sehr heiliger Mann und wurde nachher an dem Pfahl auf dem großherzoglichen Platz zu Florenz verbrannt. Es hat immer, sagt Tomaso, Erzählungen gegeben von einem verkappten Mönch, welcher diese Treppen auf= und abschleicht oder in der Thüre dieses Zimmers steht. Es muß der Geist des alten Gefangenen sein. Glaubt Ihr an Geister?"

"Ich kann es kaum sagen; im Ganzen glaube ich nicht an sie."

"Ich im Grunde auch nicht," versetzte der Graf; "denn wenn Seelen je zurückkämen, so würde ich sicherlich in diesen beiden vergangenen Monaten einem begegnet sein. Geister, so viel ich weiß, und ich freue mich es zu wissen, steigen nie empor!"

Die enge Treppe noch höher verfolgend, kamen sie zu einem andern Gemache von ähnlicher Größe und gleicher Trostlosigkeit, doch war es von zwei Geschöpfen bewohnt von einem Geschlecht, welches seit undenkbarer Zeit Besitz= und Eigenthumsrecht in zerfallenen Thürmen besessen hat. Dies waren ein Paar Eulen, welche, indem sie ohne Zweifel mit Donatello bekannt waren, wenig Zeichen der Furcht über den Eintritt von Besuchern zeigten. Sie krächzten traurig ein oder zwei Mal, und hüpften zur Seite in die dunkelste Ecke; denn es war noch nicht ihre Stunde, schwermüthig umherzuflattern.

"Sie verlassen mich nicht, wie meine andern gefiederten Bekannten," bemerkte der junge Graf mit traurigem Lächeln, auf den Vorgang hinweisend, welchen Kenyon an dem Rand der Quellen mit angesehen hatte. "Als ich ein wilder, luftiger Knabe war, liebten mich die Eulen nicht halb so sehr."

Er hielt sich hier nicht weiter auf, sondern führte seinen Freund eine andere Treppenreihe empor, wo bei jedem Abschnitt die Fenster und engen Schießscharten Kenyon ausgedehntere Blicke über Hügel und Thal boten, und ihm die Reinheit der mittlern Atmosphäre zu athmen erlaubten. Endlich erreichten sie das oberste Gemach, unmittelbar unter dem Dach des Thurmes.

„Dies ist mein eigener Aufenthalt," sagte Donatello; „mein Eulennest."

In der That war das Gemach wie ein Schlafzimmer eingerichtet, obgleich im Styl äußerster Einfachheit. Und zugleich diente es als ein Oratorium; in einer Ecke befanden sich ein Crucifix und eine Menge heiliger Embleme, so wie die Katholiken sie für nöthig erachten, um ihrer Andacht damit zu Hilfe zu kommen. Verschiedene häßliche, kleine colorirte Bilder, die Leiden des Heilands und Märtyrergeschichten der Heiligen darstellend, hingen an der Wand; und hinter dem Crucifix befand sich eine gute Copie von Titians Magdalena im Pittipalast. Magdalena, einzig in die Flut ihrer goldenen Locken gehüllt, hatte einen zuversichtlichen Blick (aber es war dies Titians, nicht des büßenden Weibes Fehler), als erwarte sie den Himmel durch die freie Enthüllung ihrer irdischen Reize zu gewinnen. Unter einem Glaskasten erschien ein Bild des heiligen Bambino in der Gestalt eines kleinen Knaben von Wachs, sehr hübsch, reizend gearbeitet, unter Blumen lehnend wie ein Cupido, und ein Herz emporhaltend, das einem Stückchen rothen Siegellacks glich. Eine kleine

Vase von köstlichem Marmor war mit geheiligtem Wasser gefüllt.

Unter dem Crucifix auf einem Tisch lag ein menschlicher Schädel, welcher aussah, als sei er aus irgend einem alten Grabe herausgeholt worden. Aber als Kenyon ihn genauer untersuchte, erkannte er, daß derselbe in grauem Alabaster gearbeitet und höchst künstlich dem Tode nachgeahmt sei, mit sorgfältiger Nachbildung der Zähne, der Nähte, der leeren Augenhöhlen und der zerbrechlichen kleinen Nasenbeine. Dieses gräßliche Steinbild ruhte auf einem Kissen aus weißem Marmor, so sorgfältig gearbeitet, daß man den Eindruck des schweren Schädels in einem seidenen, flaumigen Stoff zu sehen glaubte.

Donatello tauchte seine Finger in das Weihwasser der Vase und bekreuzte sich. Nachdem er so gethan, zitterte er.

„Ich habe kein Recht, das heilige Zeichen auf einer sündigen Brust zu machen!" sagte er.

„Auf welcher menschlichen Brust darf es denn gemacht werden?" fragte der Bildhauer. „Gibt es eine, auf welcher keine Schuld lastet?"

„Aber diese gesegneten Steinbilder machen Euch lächeln, fürchte ich," fügte der Graf hinzu, seitwärts nach seinem Freund blickend. „Ich weiß es, Ihr Ketzer versucht zu beten, sogar ohne vor einem Crucifix zu knien."

„Ich wenigstens, den Ihr einen Ketzer nennt, verehre dieses heilige Symbol," antwortete Kenyon. „Ueber was ich am meisten zu murren geneigt bin, ist dieses Todtenhaupt. Ich könnte überdies in sein gräßliches Gesicht lachen! Es ist abgeschmackt und widernatürlich, mein lieber Freund, in dieser Weise das todte Gewicht unserer Sterblichkeit auf unsere unsterblichen Hoffnungen zu schleudern. Während wir auf Erden leben, müssen wir allerdings unsere Gerippe mit uns umhertragen; aber um des Himmels willen, laßt uns unsere Seelen bei unsern schwachen Bemühungen, uns emporzuheben, nicht damit beschweren! Glaubt mir, es wird das ganze Ansehn des Todes ändern, wenn Ihr ihn einst in Euren Gedanken von jener Verderbniß trennen könnt, von welcher er Euren erhabneren Theil befreit!"

„Ich verstehe Euch nicht recht," sagte Donatello; und er nahm den alabasternen Schädel auf, schaudernd und es augenscheinlich für eine Art Buße haltend, ihn zu berühren. „Ich weiß nur, daß dieser Schädel Jahrhunderte hindurch in meiner Familie aufbewahrt worden ist. Der alte Tomaso weiß zu erzählen, daß er durch einen berühmten Bildhauer nach dem Schädel desselben unglücklichen Ritters modellirt sei, welcher die Quellenjungfrau liebte und sie durch einen Blutfleck verlor. Er lebte und starb mit schmerzlichem Gefühl einer schwer auf ihm lastenden Sünde und auf seinem Todtenbette verfügte er, daß der Schädel auf seine Nachkommenschaft vererben solle. Und meine Vorfahren, welche ihrer natürlichen Sinnesart gemäß ein heiterer Menschenschlag waren, fanden es für räthlich, den Schädel oft vor ihren Augen zu haben, weil sie das Leben und seine Genüsse herzlich liebten und den wirklichen Gedanken an den Tod haßten."

„Ich fürchte," sagte Kenyon, „sie liebten ihn deshalb, weil sie sein Gesicht unter dieser scheußlichen Maske erblickten, um nichts mehr."

Ohne weiter etwas zu sprechen, stiegen sie noch eine

Treppe empor, deren letzte Stufen sie auf die Spitze des Thurmes hinaufführten. Der Bildhauer hatte ein Gefühl, als sei sein Wesen plötzlich hundertfach vergrößert, so weit breitete sich das Umbrische Thal, welches sich plötzlich vor ihm öffnete, innerhalb des weiten Rahmens näherer und entfernterer Hügel aus. Es schien, als ob ganz Italien in diesem einen Gemälde unter seinen Augen läge. Denn hier war das freie, sonnige Lächeln Gottes, welches wir über dieses begünstigte Land reichlicher als über andere Regionen ergossen glauben, und darunter erglänzte die reichste und mannichfaltigste Fruchtbarkeit. Die schönen Weinberge erblickte man dort und die Feigenbäume, und die Maulbeerbäume, und die dunkelfarbigen Striche der Olivengärten; gleichfalls erblickte man dort jede Getreideart, darunter das wogende indische Korn, welches Kenyon an die ihm in liebevoller Erinnerung gebliebenen Felder seiner väterlichen Heimathsstätte erinnerte. Weiße Landhäuser, graue Klöster, Kirchthürme, Dörfer, Städte, jede mit ihren von Zinnen gekrönten Mauern und gethürmten Thoren, waren auf dieser geräumigen Landkarte umhergestreut; ein Fluß schimmerte hindurch, und Seen öffneten ihre blauen Augen und spiegelten den Himmel wieder, damit nicht die Sterblichen jenes bessere Land vergessen sollten, wenn sie die Erde so schön erblickten.

Was das Thal noch größer erscheinen ließ, waren die zwei oder drei verschiedenen Lufterscheinungen, welche gleichzeitig an seiner Oberfläche sichtbar waren. Hier lag der ruhige Sonnenschein, dort fielen große dunkle Streifen geheimnißvoller Schatten von den Wolken; und hinter ihnen, wie ein Riese mit meilenlangen Schritten, kam der Gewitter-

sturm angebrauſt, welcher bereits mitten durch die Ebene
gefegt war. Im Hintergrund des ſich nähernden Gewitters
ſchimmerte der ſonnige Glanz hervor, welchen es im Vor=
wärtsſchreiten mit einer ſo finſtern Miene verbüſtert hatte.

Rings um dieſe majeſtätiſche Landſchaft ſtiegen in der
Ebene kühn die kahlköpfigen oder waldbekrönten Berge
empor. Auf vielen ihrer Vorſprünge und mittleren Ab=
hängen, ſogar auf ihren Gipfeln, erhoben ſich Städte, einige
von ihnen vor Alters berühmt. Sie waren die Sitze und
Pflegerinnen der frühen Kunſt geweſen, wo die Blumen
der Schönheit aus einem felſigen Boden und in einer hohen,
ſcharfen Atmoſphäre emporſprangen.

„Dank ſei Gott, daß er mich dieſe Scene wieder
ſchauen läßt!" ſagte der Bildhauer, in ſeiner Weiſe ein
frommer Mann, indem er ehrfurchtsvoll den Hut abnahm.
„Ich habe ſie von vielen Punkten geſehen und nie ohne ein
inniges Gefühl der Dankbarkeit. Wie es den armen
menſchlichen Geiſt im Vertrauen an ſeine Vorſehung
ſtärkt, wenn man dieſen kleinen Weg über die gewöhnliche
Fläche emporſteigt und ſo einen etwas weitern Blick über
Gottes Thun und Walten erhält! Er macht Alles recht!
Sein Wille geſchehe!"

„Ihr erkennt etwas, das mir verborgen iſt," bemerkte
Donatello büſter, indem er ſich jedoch mit ungewöhnlichem
Eifer beſtrebte, ſich zu den Anſchauungen ſeines Freundes
zu erheben. „Ich ſehe Sonnenſchein an einer Stelle und
Wolken an der andern, und in keinem Falle einen Grund
dafür. Die Sonne für Euch, die Wolken für mich! Wel=
chen Troſt kann ich daraus ziehen?"

„Ach, ich kann nicht predigen," ſagte Kenyon, „indem

ich ein Blatt des Himmels und ein Blatt der Erde, weit vor uns ausgebreitet, vor Augen habe. Beginnt nur zu lesen, und Ihr werdet finden, daß es sich, ohne die Hülfe von Worten, von selbst erklärt! Es ist ein großer Irrthum, versuchen zu wollen, unsere schönsten Gedanken in die menschliche Sprache zu übertragen. Wenn wir in die erhabeneren Regionen der Gemüthsbewegung und des geistigen Genusses steigen, so finden sie nur in solch großen Hieroglyphen, wie diese um uns her, ihren Ausdruck."

Sie standen eine Weile, die Scene betrachtend; aber wie es unvermeidlich nach einem geistigen Auffluge geschieht, so geschah es auch hier; nicht lange, und der Bildhauer fühlte seine Flügel in der obern Atmosphäre erlahmen. Er war froh, sich gleichsam aus der Mitte des Himmels herab- und sich auf die Plattform des Thurmes niederzulassen. Er blickte um sich und sah aus dem Steinpflaster, welches das Dach bildete, einen kleinen Strauch mit grünen und glänzenden Blättern emporwachsen. Er war hier das einzige Grün, und der Himmel weiß es, wie sein Saame je in diese luftige Höhe getragen worden war, oder wie er für sein kleines Leben in den Spalten der Steine Nahrung fand; denn er hatte keine Erde, nichts der Erde Aehnlicheres, als den zerbröckelnden, in einem längst vergangenen Zeitalter in die Spalten gestopften Mörtel.

Doch die Pflanze schien den Sitz ihres Ursprungs zu lieben, und Donatello versicherte, sie sei immer dort gewachsen, so weit seine Erinnerung reiche, und nie ein wenig kleiner oder größer, als sie jetzt erscheine.

„Ich bin neugierig, ob Euch der Strauch irgend eine

gute Lehre ertheilt," sagte er, das Interesse wahrnehmend, womit Kenyon ihn beobachtete. „Wenn das weite Thal eine große Bedeutung hat, müßte die Pflanze wenigstens eine kleine haben, und sie wächst lange genug auf unserm Thurm, um gelernt zu haben, wie sie die Moral auszusprechen hat."

„O, sicher!" antwortete der Bildhauer, „hat der Strauch seine Moral, oder er würde längst verwelkt sein. Und ohne Zweifel dient er zu Eurem Nutzen und Eurer Erbauung, da Ihr ihn Eure ganze Lebenszeit hindurch vor Euren Augen gehabt habt, und Euch nun angetrieben fühlt, zu fragen: was mag seine Lehre sein?"

„Er lehrt mich nichts," sagte der naive Donatello, indem er sich über die Pflanze beugte und sich mit einer umständlichen Untersuchung abquälte. „Doch hier war ein Wurm, welcher ihn getödtet haben würde; ein häßliches Geschöpf, welches ich über die Zinnen werfen will."

Elftes Kapitel.

Auf den Zinnen.

Der Bildhauer blickte jetzt durch eine Schießscharte, und warf ein Stückchen Kalk hinab, dessen Fall er beobachtete, bis es auf eine Steinbank am Fuße des Thurmes schlug und in viele Stücke zersprang.

„Verzeiht mir, daß ich der Zeit helfe, Eure angestammten Mauern hinwegzubröckeln," sagte er. „Aber ich bin eine von den Personen, welche ein natürliches Bedürfniß haben, Höhen zu ersteigen, und an ihrem Rande stehend unten die Tiefe zu messen. Wenn ich in diesem Augenblick gerade das thun könnte, was ich liebte, würde ich mich hinunterwerfen, diesem Stückchen Kalk nach. Es ist eine sehr sonderbare Versuchung, der kaum zu widerstehen ist, theils glaube ich, weil es so leicht gethan sein würde, und theils, weil ihre augenblicklichen Folgen der Art sein würden, daß ich nicht gezwungen wäre, einen Augenblick darauf zu warten. Habt Ihr niemals diesen Impuls eines bösen Geistes hinter Euch gespürt, der Euch gegen einen Abgrund trieb?"

"O nein!" rief Donatello, von der Zinnenkrönung mit einer Miene des Entsetzens zurückschreckend. "Ich hänge an dem Leben in einer Weise, die Ihr nicht begreifen könnt; es war so reich, so warm, so sonnig! — und über seiner Grenze nichts wie das frostige Dunkel! Und dann ist der Fall in einen Abgrund ein so fürchterlicher Tod!"

"Nicht doch," bemerkte Kenyon; "wenn es eine bedeutende Höhe ist, so würde der Mensch sein Leben schon in der Luft verlieren und nie den harten Schlag auf dem Boden fühlen."

"So verhält es sich nicht bei dieser Art des Todes!" rief Donatello mit einer leisen, von Entsetzen ergriffenen Stimme, welche immer erregter wurde, je weiter er sprach. "Stellt Euch ein Mitgeschöpf vor — jetzt athmend und Euch in das Gesicht blickend — und jetzt hinab-, hinab-, hinabstürzend, mit einem langen Schrei, der ihm den ganzen Weg nachzittert! Er verliert sein Leben nicht in der Luft! Nein, sondern es bleibt in ihm, bis er gegen die Steine schlägt, eine entsetzlich lange Weile; dann liegt er da, fürchterlich still, ein todter Haufen zerquetschten Fleisches und zerbrochener Gebeine! Ein Zittern läuft durch die zermalmte Masse; dann aber keine Bewegung mehr! Nein, wenn Ihr auch Eure Seele darum geben würdet, daß er auch nur einen Finger bewegte! Ach, schrecklich! Ja, ja, ich würde mich gern gerade wegen des Grauens davor hinabschleudern, damit ich es ein für alle Mal hinter mir hätte, und nicht mehr davon träumen dürfte!"

"Wie stark — wie fürchterlich Ihr Euch dies ausdenkt!" sagte der Bildhauer, vor dem leidenschaftlichen Entsetzen schaudernd, welches sich in den Worten des Grafen und noch mehr in seinen wilden Geberden und geisterhaftem Blick verrieth. „Nein, wenn die Höhe Eures Thurmes Euch auf diese Weise bewegt, thut Ihr Unrecht, hier in Einsamkeit und in der Nachtzeit und zu allen unbewachten Stunden zu verweilen. Ihr seid nicht sicher in Eurem Zimmer! Es ist nur ein oder zwei Schritt; und wie wenn ein lebhafter Traum Euch zur Mitternacht hierherführte und sich als Wirklichkeit endete!"

Donatello hatte sein Gesicht in den Händen verborgen und lehnte gegen die Brustwehr.

„Fürchtet das nicht!" sagte er. „Welcher Art auch immer der Traum sein mag, so bin ich doch ein zu ausgemachter Feigling, als daß mir selbst nur im Traum selbstmörderische Gedanken kommen könnten."

Der Fieberanfall ging vorüber und die beiden Freunde setzten ihr flüchtiges Gespräch ganz so fort, als ob keine Unterbrechung stattgefunden hätte. Demungeachtet erfüllte es den Bildhauer mit unendlichem Mitleid, diesen jungen Mann, welcher für die Freude als ein gesichertes Erbtheil geboren zu sein schien, jetzt in eine dunkele Verwirrung gramvoller Gedanken gehüllt zu sehen, unter deren Andrang er wie mit zugebundenen Augen einherschwankte. Kenyon, der nicht ohne einen dunkeln Verdacht des Geschehenen war, wußte, daß sein Zustand durch das Gewicht und die Düsterkeit des Lebens herbeigeführt sein mußte, welche erst jetzt, jetzt zum ersten Male in Folge einer geheimen Unruhe sich bei einem Charakter bemerkbar machten, der bisher nur in einer Atmosphäre von Freude geathmet hatte. Die Wirkung dieser harten Lehre auf Donatello's

Verstand und Sinnesart war sehr auffallend. Es war wahrnehmbar, daß er bereits trübe Blicke in jene dunklen Höhlen gethan habe, in welche alle Menschen hinabsteigen müssen, wenn sie irgend etwas von dem wissen wollen, was unter der Außenseite und den trügerischen Freuden des Daseins verborgen ist. Und wenn sie emportauchen, sind sie zwar durch den ersten Schimmer des Tageslichtes verwirrt und geblendet, aber sie sind reicher an wahreren und traurigeren Ansichten für alle spätere Zeit.

Aus irgend einer geheimnißvollen Quelle, das fühlte der Bildhauer, war seit der Zusammenkunft in Rom eine Seele in die Einfachheit des jungen Grafen gehaucht worden. Er zeigte jetzt ein weit tieferes Gefühl und ein Verständniß, welches mit erhabenen Gegenständen, obgleich in einer schwachen und kindischen Weise, sich zu befassen begann. Auch zeigte er eine bestimmtere und eblere Individualität, die aber aus Kummer und Schmerz hervorgegangen und sich der Qualen, die ihr Entstehung gegeben hatten, fürchterlich bewußt war. Jedes menschliche Leben, welches zur Wahrheit emporsteigt oder sich zur Wirklichkeit herabläßt, muß einer gleichen Umwandlung unterliegen; zuweilen jedoch kamen vielleicht die Lehren ohne die Schmerzen, und noch öfter geben die Schmerzen keine Lehren, die bleibend wären. Was Donatello betrifft, war es bemitleidenswerth und fast komisch, die verwirrten Anstrengungen, welche er machte, zu beobachten: wie er jedem Ueberfall preisgegeben war, wie vertheidigungslos er auf diesem alten Schlachtfeld der Welt stand im Kampfe gegen solch einen unvermeidlichen Gegner, den menschlichen Jammer, und dessen stärkeren Verbündeten, die Sünde.

„Und doch," dachte Kenyon, „benimmt sich der arme Junge zugleich wie ein Held! Wenn er mir nur seine Sorgen offenbaren oder mir eine Gelegenheit geben wollte, frei darüber zu sprechen, so möchte ich ihm helfen; aber er findet sie zu schrecklich, um sie auszusprechen, und hält sich für den einzigen Sterblichen, welcher je die Qualen eines gefolterten Gewissens empfand. Ja, er glaubt, daß niemand je zuvor eine Seelenpein, wie die seine ausstand; so daß — scharf genug an sich selbst — sie noch durch eine Qual gesteigert ist, die nur dazu erfunden zu sein scheint, ihn in ganz individueller Weise zu martern."

Der Bildhauer bemühte sich, den schmerzvollen Gegenstand aus seinem Geist zu entfernen, und sich gegen die Zinnenkrönung lehnend, wendete er sein Gesicht südwärts und westwärts und schaute über die Breite des Thales. Seine Gedanken flogen sogar hinaus über diese weiten Grenzen und zogen eine Luftlinie von Donatello's Thurm zu einer andern Thurmtreppe, welche unsichtbar für ihn, über den Dächern des entfernten Roms in den sommerlichen Himmel emporstieg. Dann erwachte aufrührerisch in seinem Bewußtsein jene innige Liebe für Hilda, welche er in einem von des Herzens innern Gemächern zu verwahren gewöhnt war, weil er keine Ermuthigung gefunden hatte, sie zu gestehen. Aber jetzt fühlte er einen eigenthümlichen Ruck an den Tauen seines Herzens, der nicht fühlbarer hätte sein können, wenn sich den ganzen Weg zwischen diesen Zinnen und Hilda's Taubenschlag eine ausgezeichnet empfindliche Schnur hingezogen hätte, welche an dem diesseitigen Ende mit seinen eigenen Herznerven verknüpft wäre und an dem entfernteren durch eine sanfte

Hand gehalten würde. Sein Athem begann zu zittern. Er legte seine Hand auf seine Brust; so deutlich fühlte er diese Verbindungsschnur einmal — und wieder und wieder gezogen, als ob nach seiner Gegenwart ungestüm verlangt würde. O, was hätte er dafür gegeben, Flügel wie Hilda's Tauben zu haben und sich auf der Jungfrau Schrein niederlassen zu können!

„Dort, über Berg und Thal, liegt Rom," sagte der Bildhauer; „werdet Ihr im Herbst dorthin zurückkehren?"

„Nie! Ich hasse Rom," antwortete Donatello, „und habe guten Grund."

„Und doch war es ein angenehmer Winter, den wir dort mit lieben Freunden verbrachten," bemerkte Kenyon; „Ihr würdet sie dort wieder treffen — sie alle."

„Alle?" fragte Donatello.

„Alle, soviel ich glaube. Doch Ihr braucht nicht nach Rom zu gehen, um sie zu suchen. Wäre der Lebenslauf eines jener Freunde mit dem Eurigen verschlungen, so bin ich Fatalist genug, um versichert zu sein, daß Ihr diesen einen wiedertreffen werdet, wohin Ihr auch wandern möchtet. Den Gefährten, welche die Vorsehung für uns bestimmt hat, können wir auch dann nicht entrinnen, wenn wir einen alten Thurm, wie diesen, ersteigen."

„Doch, die Treppen sind steil und dunkel," versetzte der Graf, „niemand außer Euch würde mich hier suchen, oder mich finden, wenn sie mich suchten."

Da Donatello von dem ihm von seinem Freunde liebreich gebotenen Anlaß, seine verborgenen Sorgen auszuschütten, keinen Gebrauch machte, ließ Kenyon den Gegenstand wieder fallen und kehrte zu dem Genuß der Scene vor ihm zurück. Der Gewittersturm, welchen er quer durch das Thal hatte dahinschreiten sehen, hatte sich zur Linken von Monte Beni gewendet, und setzte seinen Zug gegen die Hügel fort, welche die Grenze an der Ostseite bildeten. Ueber dem ganzen Thal war der Himmel schwer von sich wälzenden Dünsten, welche mit bläulichen Streiflichtern durchzogen waren; aber im Osten, wo das Gewitter seine rauhen Säume jetzt zusammenzog, lag eine dunkele Schicht von wolkigem und düsterem Nebel, in welchem einige der Hügel in einer dunkeln Purpurfarbe sich abzeichneten. Andere erschienen so undeutlich, daß der Beschauer nicht unterscheiden konnte, was Fels und was Nebel war. Aber in weiter Ferne tauchten aus dieser nebeligen Wolkenschicht, diesem Chaos, Hügelspitzen im vollen Sonnenlichte hervor; sie glichen Bruchstücken der Welt, zerbrochen treibend und auf dem Nichts ruhend, oder sie glichen auch Planetentheilen, die zum Existiren bestimmt, aber noch nicht vollkommen vereinigt sind.

Der Bildhauer, der gewohnt war, viele der Bilder, in die er seine Gedanken kleidete, aus der plastischen Kunst zu entlehnen, meinte, daß die Scene jenen Werbeproceß darstelle, als der Schöpfer die neue, unvollkommene Erde in seiner Hand hielt und ihr künstlerische Form gab.

„Welch eine magische Kraft in dem Nebel und Dunst unter den Bergen ist!" rief er. „Mit ihrer Hülfe wird eine einzige Scene tausendfältig. Die Wolkenscenerie giebt einer hügeligen Landschaft solche Mannichfaltigkeit, daß es der Mühe werth sein würde, ihr Aussehen von Stunde zu Stunde in ein Tagebuch einzutragen. Eine Wolke kann jedoch auch — wie ich selbst aus Erfahrung weiß — in dem Moment, den ihr zu ihrer Beschreibung wähltet, so fest und schwer werden wie Stein. Doch für meine Kunst habe ich großen Nutzen von den Wolken gezogen. Solche silberfarbene, wie jene im Norden zum Beispiel, gaben mir oft die Ideen zu bildnerischen Gruppen, Gestalten und Stellungen; sie sind vorzüglich reich an Attitüden lebendiger Ruhe, welche ein Bildhauer nur in den seltensten Glücksfällen trifft. Wenn ich zu meinem theuren Geburtsland zurückkehre, werden die Wolken längs des Horizonts meine einzige Kunstgallerie sein!"

„Auch ich kann Wolkengestalten sehen," sagte Donatello; „dort ist eine, welche in ihrer Form sonderbar abweicht. Und nun, wenn ich sie ein wenig länger beobachte, scheint sie die Gestalt eines sich niederbeugenden Mönches anzunehmen, mit einer Kapuze über seinen Kopf und theilweise über sein Gesicht gezogen, und — gut! erzählte ich Euch nicht so?"

„Ich denke," bemerkte Kenyon, „wir können kaum nach einer und derselben Wolke blicken. Was ich sehe, ist eine sich niederbeugende Gestalt, aber eine weibliche, mit einem Ausdruck von Verzweiflung und in dem zitternden Umriß von Kopf bis zu Fuß wunderbar gut dargestellt. Sie bewegt mein innerstes Herz durch etwas Unerklärbares, was sie ausdrückt."

„Ich sehe die Gestalt und fast das Gesicht," sagte der Graf, indem er mit leiser Stimme hinzufügte: „Es ist Miriam's!"

„Nein, nicht Miriam's!" antwortete der Bildhauer.

Während die beiden Beschauer ihre Rückerinnerungen und Ideen an den Wolken verkörpert fanden, neigte sich der Tag seinem Ende zu und zeigte ihnen jetzt das leuchtende Schauspiel eines italienischen Sonnenuntergangs. Der Himmel war sanft und glänzend, aber nicht so schimmernd, wie ihn Kenyon zu tausend Malen in Amerika gesehen hatte; denn der westliche Himmel pflegt in breiten und tiefen Farben aufzuflammen, mit welchen Poeten umsonst ihre Verse zu färben suchen, und welche Maler nie zu copiren wagen. Von dem Thurm von Monte Beni aus gesehen, war die Scene zart und prächtig zugleich, mit milder Abstufung der Farben und einer verschwenderischen Ergießung von Gold, aber mehr dem Golde ähnlich, wie wir es auf dem Blatt einer glänzenden Blume sehen, als dem polirten Glanze des Bergmetalls. Oder, wenn metallartig, sah es luftig und unkörperlich aus, wie das gepriesene Traumgold eines Alchemisten. Und schnell — schneller als in unserm Klima — kam die Dämmerung und mit ihr durch ihr durchsichtiges Grau schimmernd kamen die Sterne.

Ein Schwarm winziger Insekten, welcher den ganzen Tag die Zinnen umschwärmt hatte, wurde jetzt durch die Frische eines sich erhebenden Windes hinweggetrieben. Die beiden Eulen in dem Zimmer, unter demjenigen, welches Donatello bewohnte, stießen ihren sanften, melancholischen Schrei aus — welchen mit nationaler Vermeidung rauher Laute italienische Eulen statt des Geheuls ihrer Verwandten in andern Ländern ertönen lassen — und flogen im Dunkeln fort und unter die Gesträuche. Eine Klosterglocke erklang nahe dabei und erhielt Antwort nicht nur von den Echos unter den Hügeln, sondern auch von einer andern Glocke und noch andern, denen ohne Zweifel fernere Antworten in verschiedenen Zwischenräumen das Thal entlang zu Theil wurden; denn wie der englische Trommelschlag um die ganze Welt verbreitet ist, so gibt es eine Kette von Klosterglocken von Ende zu Ende und kreuzweise und in allen möglichen Richtungen über das von Pfaffen regierte Italien.

„Kommt," sagte der Bildhauer, „die Abendluft wird kühl. Es ist Zeit hinabzusteigen."

„Zeit für Euch, mein Freund," erwiderte der Graf, und er zögerte ein wenig ehe er hinzufügte: „Ich muß hier einige Stunden länger Wache halten. Es ist meine Gewohnheit, öfter zu wachen, und zuweilen kommt mir der Gedanke, ob es nicht besser wäre, meine Nachtwache in jenem Kloster zu halten, dessen Glocke mich jetzt eben zu rufen schien. Glaubt Ihr, daß ich weise handeln würde, diesen alten Thurm mit einer Zelle zu vertauschen?"

„Was! Mönch werden?" rief sein Freund. „Ein schrecklicher Gedanke!"

„Wahr!" sagte Donatello seufzend. „Gerade deshalb, wenn überhaupt, beabsichtige ich es zu thun."

„Dann denkt nicht mehr daran, um des Himmels willen!" rief der Bildhauer. „Es gibt tausend bessere und wirksamere Methoden, elend zu sein, als diese, wenn elend zu sein das ist, was Ihr wünscht. Ja, ich zweifle, ob ein Mönch sich auf der intellectuellen und geistigen Höhe erhält, welche das Unglück in sich schließt. Ein Mönch — ich urtheile nach ihrer geistigen Physiognomie, welche mir immer wieder begegnet — ist unvermeidlich ein Thier! Ihre Seelen, wenn sie eine hätten, mit der etwas zu beginnen wäre, verlassen sie, ehe ihr träges, schmuziges Dasein halb vollbracht ist. Besser zu Millionen Malen nach den Sternen starrend auf diesen luftigen Zinnen zu stehen, als Euern neuen Keim eines höhern Lebens in einer mönchischen Zelle zu ersticken!"

„Ihr macht mich zittern," sagte Donatello, „durch Eure kühne Schmähung der Menschen, welche sich dem Dienste Gottes gewidmet haben!"

„Sie dienen weder Gott noch Menschen und sich am wenigsten, obgleich ihre Motive äußerst selbstsüchtig sind," erwiderte Kenyon. „Meidet das Kloster, mein lieber Freund, wie Ihr den Tod der Seele scheuen würdet! Aber für mein Theil, wenn ich eine unerträgliche Bürde hätte — wenn ich auf jeden Fall genöthigt wäre, jede irdische Hoffnung aufzugeben, um mit dem Himmel meinen Frieden zu schließen — dann würde ich die weite Welt zu meiner Zelle machen, und gute Thaten für die Menschen zu meinem Gebet. Viele bußfertige Menschen haben das gethan und Frieden darin gefunden."

„Ach, aber Ihr seid ein Ketzer!" sagte der Graf.

Doch sein Gesicht erglänzte unter den Sternen; und durch das Zwielicht danach blickend, schweifte die Erinnerung des Bildhauers auf die Scene im Capitol zurück, wo sowohl in Gesichtszügen wie im Ausdruck Donatello mit dem Faun identisch schien. Und noch immer war eine Aehnlichkeit vorhanden; denn jetzt, als zuerst der Gedanke in ihm wachgerufen wurde, für das Wohl seiner Mitgeschöpfe zu leben, kehrte die ursprüngliche Schönheit, welche Kummer theilweise verlöscht hatte, erhöht und beseelt zurück. In den dunkeln Tiefen hatte der Faun eine Seele gefunden und kämpfte mit ihr gegen das Licht himmelwärts.

Der Glanz, es ist wahr, verschwand bald aus Donatello's Antlitz. Der Gedanke an lebenslange und uneigennützige Bemühung um Menschenwohl war zu erhaben, um von ihm mit mehr als einem momentanen Umfassen aufgenommen zu werden. Ein Italiener denkt in der That selten daran, menschenfreundlich zu sein, ausgenommen wenn er Almosen unter die Armen vertheilt, welche seine Wohlthätigkeit bei jedem Schritte in Anspruch nehmen; auch fällt es ihm nicht ein, daß es, um den Himmel zu versöhnen, tauglichere Mittel geben könne, als Bußen, Wallfahrten und Opferungen an den Heiligenschreinen.

Und jetzt zitterte das breite Thal von Licht, welches durch seine Dunkelheit flimmerte, wie die Feuerfliegen in dem Garten eines Florentinischen Palastes. Ein Blitzschimmer aus dem Hintergrund der Wetterwolke erhellte plötzlich den Hügelkranz und den großen Raum dazwischen, wie der letzte Aufblitz von Geschützen bei dem Rückzuge eines geschlagenen Heeres über das Feld, wo es gefochten hat, einen rothen Schein wirft. Der Bildhauer war im Begriff die Thurmtreppe hinabzusteigen, als, irgendwo in der Dunkelheit, die unter ihnen lag, die Stimme einer Frau gehört ward, welche ein leises, trübes Lied sang.

„Horcht!" sagte er, seine Hand auf Donatello's Arm legend.

Und Donatello hatte in demselben Augenblicke „Horch!" gesagt.

Der Gesang, wenn das Gesang genannt werden konnte, was einen wilden Rythmus hatte und wie das Gesäusel einer Windharfe dahinfloß, hüllte sich nicht in den scharfen Glanz der italienischen Sprache. Die Worte, so weit sie unterschieden werden konnten, waren Deutsch, und deshalb für den Grafen unverständlich und kaum weniger für den Bildhauer; indem sie, gleichsam in dem melancholischen Reichthum der Stimme, die sie sang, erweicht und geschmolzen waren. Es war wie das Gemurmel einer mitten unter der sündigen Dunkelheit der Erde verirrten Seele, die noch genug Erinnerung von einem bessern Zustande übrig behalten hat, um traurige Musik der Klage zu erheben, welche sonst ein verzweifelnder Schrei gewesen sein würde. Nie gab es ein tieferes Pathos, als das, welches von dieser geheimnißvollen Stimme ausgehaucht wurde; es brachte Thränen in des Bildhauers Augen, gepaart mit Erinnerungen und Ahnungen von Schmerzen, die er nur je gefühlt oder gefürchtet hatte; Donatello machte es seufzen, indem es mit der Qual, die ihm so unaussprechlich zu sein schien, übereinstimmte und ihr den Ausdruck verlieh, nach welchem er in dumpfer Unklarheit suchte.

Aber als die Bewegung an ihrer möglichsten Tiefe angelangt war, erhob sich anschwellend die Stimme nach und nach, doch so allmälig, daß Düsterniß weit aus dem Abgrund empor sie zu durchdringen und auch nicht gänzlich zu weichen schien, als sie in eine höhere und reinere Region sich erhob. Zuletzt hätte es den Zuhörern fast scheinen können, als ob die Melodie mit ihrer reichen Süßigkeit und ihrem Schmerze um den äußersten Gipfel des Thurmes flösse.

„Donatello," sagte der Bildhauer, als wieder Stille eintrat, „hatte diese Stimme keine Botschaft für Euer Ohr?"

„Ich darf sie nicht annehmen," erwiderte Donatello dumpf; „die Angst, von welcher sie sprach, wird bei mir haften bleiben. O, es ist nicht gut für mich, diese Stimme zu vernehmen."

Der Bildhauer seufzte und verließ den armen Büßenden, der auf dem Thurme zurückblieb, um hier seine gewohnte Nachtwache zu halten.

Zwölftes Kapitel.

Donatello's Büste.

Kenyon, wie man sich erinnern wird, hatte Donatello um die Erlaubniß ersucht, seine Büste zu modelliren. Die Arbeit hatte jetzt bedeutende Fortschritte gemacht und veranlaßte den Bildhauer nothwendigerweise, mit seinen Gedanken viel und oft bei den persönlichen Charaktereigenschaften seines Wirthes zu weilen. Es war ja seine schwierige Aufgabe, diese aus ihrer Tiefe hervorzuholen und sie allen Menschen zu offenbaren, indem er ihnen zeigte, was sie nicht wahrzunehmen vermochten, und was doch auf der Außenseite eines Marmorblockes auf einen Blick erkannt werden sollte.

Er hatte nie eine Porträtbüste unternommen, welche ihm so viel Mühe machte, wie die Donatello's. Nicht daß irgend eine besondere Schwierigkeit vorhanden gewesen, die Aehnlichkeit zu treffen, obgleich selbst in dieser Hinsicht die Anmuth und Harmonie der Züge mit einem hervorragenden Ausdruck von Individualität unvereinbar schienen, aber er war hauptsächlich in Verlegenheit, wie er diesem weichen und freundlichen Typus der Gesichtsbildung den Ausdruck des darin wohnenden Geistes geben solle. In der That waren sein Scharfsinn und seine Sympathien nicht im Stande, ihn über die moralische Phase, durch welche der Graf jetzt hindurch ging, aufzuklären. Wenn er bei einer Sitzung einen wahren und bleibenden Zug zu erhaschen glaubte, so war dieser vermuthlich schon bei der nächsten weniger bemerklich, und vielleicht bei einer dritten vollkommen verschwunden. Ein so veränderlicher Charakterausdruck brachte den Bildhauer zur Verzweiflung; nicht Marmor oder Gyps, sondern Wolken und Dunst waren das Material, in welchem er hätte dargestellt werden müssen. Sogar der gewichtige Druck, welcher beständig auf Donatello's Herzen lag, konnte ihn nicht zu der Art von Ruhe bewegen, welche die palastische Kunst verlangt.

Auf einen guten Erfolg verzichtend, gab Kenyon alle vorgefaßten Ideen über den Charakter seines Gegenstandes auf, und ließ seine Hand wie absichtslos in dem Thon arbeiten, so wie etwa ein geistiges Medium beim Schreiben die Feder mehr durch eine unsichtbare Leitung, als nach einem bestimmten Willen führt. Dann und wann glaubte er, daß sein Vorhaben verspreche, ein erfolgreiches zu sein. Eine Geschicklichkeit und Einsicht, die außer seinem Bewußtsein lagen, schienen gelegentlich bei seiner Arbeit mitzuwirken. Das Mysterium, das Orakel, einen leblosen Gegenstand mit Gedanken, Gefühl und all den unkörperlichen Attributen der Seele zu erfüllen, schienen im Begriff hervorgebracht zu werden. Dann schmeichelte er sich wohl mit dem Gedanken, das treue Abbild seines Freundes sei nahe daran, aus dem nachgiebigen Material hervorzugehen, und werde mehr von Donatello's Charakter an sich tragen, als der durchdringendste Beobachter in irgend einem Augenblicke in dem Antlitz des Originals zu entdecken vermöchte. Vergebene Hoffnung! Einige Handgriffe, durch welche der Künstler den Erfolg zu verbessern oder zu beeilen dachte, verwirrten sich mit dem Entwurf seines ungesehenen, geistigen Beistandes und verdarben das Ganze. Es war in der That noch immer der feuchte, braune Thon und die Züge Donatello's, aber ohne irgend von dem geistigen und sympathischen Leben desselben eine Spur zu haben.

„Die Schwierigkeit wird mich zum Wahnsinn treiben, glaube ich wahrhaftig!" rief der Bildhauer aufgeregt aus. „Blickt selbst auf das unglückselige Stück Arbeit, mein lieber Freund, ob Ihr irgend eine Art von Aehnlichkeit mit Euerm innern Menschen erkennt?"

„Keine," erwiderte Donatello, der damit die einfache Wahrheit sagte. „Es sieht aus, als blicke ein Frembling aus dem Gesichte heraus."

Dieses offene, ungünstige Zeugniß ergriff den zartfühlenden Bildhauer so, daß er auf das widerspenstige Bildniß zornig wurde, und von da an sich nicht mehr darum bekümmerte, was aus ihm zufällig noch werden würde. Jener wunderbaren Macht sich bedienend, welche Bildhauer über den feuchten Thon besitzen, wie widerspenstig er sich auch in manchen Hinsichten zeigen mag, preßte, verlängerte, erweiterte oder veränderte er die Züge der Büste ganz rücksichtslos und fragte bei jeder Veränderung den Gra=

fen, ob der Ausdruck auf irgend eine Weise befriedigender sich gestalte.

„Halt!" rief Donatello endlich, des Bildhauers Hand ergreifend. „Laßt sie so bleiben!"

Durch einige zufällige Bearbeitungen des Thones, die von seinem Willen gänzlich unabhängig waren, hatte Kenyon dem Gesicht ein verzogenes und gewaltsames Ansehen gegeben, welches thierische Wildheit mit intelligentem Haß vereinigte. Hätte Hilda oder hätte Miriam die Büste mit dem Ausdruck gesehen, welchen sie jetzt angenommen hatte, so dürften sie Donatello's Gesicht erkannt haben, wie sie es in jenem schrecklichen Augenblicke sahen, als er sein Opfer über den Rand des Abgrundes hielt.

„Was habe ich gethan?" sagte der Bildhauer, über sein zufälliges Erzeugniß erschrocken. „Es wäre eine Sünde, den Thon, welcher Eure Züge trägt, sich in eine Physiognomie wie diese verhärten zu lassen. Nimmer trug Kain eine häßlichere."

„Gerade aus diesem Grunde laßt es so bleiben!" antwortete der Graf, bleich wie der Tod geworden bei der Anschauung seines Verbrechens, welches ihm so unheimlich in einer andern jener vielen Formen entgegentrat, in denen das Verbrechen dem Schuldigen ins Antlitz zu starren pflegt. „Verändert sie nicht, arbeitet sie lieber in ewigem Marmor aus! Ich will sie in meinem Oratorium aufstellen und sie beständig vor meinen Augen behalten. Ein Gesicht wie dieses, durch mein Verbrechen belebt, ist trauriger und schrecklicher, als selbst der Todtenschädel, welchen mir meine Vorfahren vererbten!"

Aber ohne im geringsten Donatello's Ermahnungen zu beachten, legte der Bildhauer seine kunstgeübten Finger wieder an den Thon, und zwang die Büste, sich des Ausdrucks zu entledigen, welcher sie beide so bestürzt gemacht hatte.

„Glaubt mir," sagte er, seine Augen voll ernsten und zarten Mitgefühls auf seinen Freund richtend, „Ihr wißt nicht, was für Euer geistiges Wachsthum erforderlich ist, wenn Ihr so Eure Seele beständig in der ungesunden Region der Reue zu erhalten sucht. Es war für Euch nöthig, durch jenes dunkle Thal hindurchzugehen, aber es ist unendlich gefahrvoll, sich zu lang dort aufzuhalten; es ist Gift in der Atmosphäre, wenn wir uns niedersetzen und darin brüten wollten, anstatt unsere Lenden zu gürten und vorwärts zu eilen. Nicht Muthlosigkeit, nicht Angst ist es, dessen Ihr jetzt bedürft, sondern Kraftentwickelung! Ist etwas unaussprechlich Böses in Euerm jungen Leben gewesen? Dann drängt es durch das Gute heraus, oder es wird verderblich immer darin liegen und Eure Fähigkeiten für bessere Dinge nöthigen, sein schädliches Verderben zu theilen!"

„Ihr regt viele Gedanken auf," sagte Donatello, seine Hand gegen die Stirn pressend, „aber die Menge und das Gewirr derselben betäubt mich."

Sie verließen jetzt des Bildhauers zeitweiliges Atelier, ohne zu bemerken, daß seine letzten zufälligen Handgriffe, mit welchen er eilig den Blick töbtlicher Wuth ausgelöscht hatte, der Büste einen erhabeneren und angenehmeren Ausdruck gegeben hatten, als sie bisher getragen. Es ist zu bedauern, daß Kenyon es nicht wahrgenommen hatte;

denn vielleicht kann einzig und allein ein Künstler die Reizung des Hirnes und die Herabstimmung der Seele begreifen, welche von der Unmöglichkeit sich selbst genug zu thun, herrührten, nachdem er doch soviel Arbeit und Studium auf Donatellos Büste verwendet hatte. Deshalb und um nicht an der Kunst und dem Leben zu verzweifeln, würde der Bildhauer gut gethan haben, noch einmal auf seine Arbeit zurückzublicken; denn hier waren noch immer die Züge des antiken Faun, aber jetzt mit einem höhern Geist durchleuchtet, so wie ihn der alte Marmor nie getragen.

Nachdem Donatello ihn verlassen hatte, verbrachte Kenyon den Rest des Tages, indem er in den anmuthigen Umgebungen von Monte Beni umherstreifte. Der Sommer war jetzt so weit vorgerückt, daß er wirklich anfing, die reife Fülle des Herbstes zu theilen. Die Aprikosen, lange im Ueberfluß vorhanden, waren vorübergegangen, und Pflaumen und Kirschen mit ihnen. Aber jetzt kamen große, saftige Birnen, von schmelzendem und köstlichem Geschmack, und Pfirsichen von tüchtiger Größe und verführendem Ansehen, obgleich kalt und wässerig für den Gaumen, verglichen mit des Bildhauers reicher Rückerinnerung an jene Frucht in Amerika. Die purpurnen Feigen hatten bereits ihre Jahreszeit gehabt, und die weißen waren jetzt übersüß. Die Contadinis (welche Kenyon zu dieser Zeit wohl kannten) fanden viele reife Trauben für ihn, mit einem duftigen Nektartropfen des sonnigen Monte Beni-Weines in jeder der runden Beeren.

Unerwartet fand er, in einem Winkel, nahe bei dem Pachthaus eine Stelle, wo die Weinlese bereits begonnen hatte. Ein großer Haufen früh gereifter Trauben war gesammelt und in einen mächtigen Kübel gethan worden. In der Mitte derselben stand ein rüstiger und heiterer Contadino, stand nicht nur, sondern stampfte mit seiner ganzen Kraft und tanzte frisch darauf herum; während der rothe Saft seine Füße benetzte und bis zur Mitte seiner braunen und rauhen Beine emporspritzte. Das also war das ganze Verfahren, welches in der heiligen Schrift und der Poesie eine so malerische Rolle spielt, das Auspressen des Weines durch Treten und das Färben der Füße und Kleider mit dem rothen Ausflusse, wie mit dem Blut eines Schlachtfeldes. Die Erinnerung an das Verfahren läßt den toscanischen Wein nicht köstlicher schmecken. Die Contadinis boten Kenyon gastfreundlich eine Probe des neuen Getränkes, welches bereits ein oder zwei Tage gährend stand. Er hatte indeß in vergangenen Jahren einen einzigen Zug versucht, und war wenig geneigt, wieder eine Probe davon zu kosten; denn er wußte, es würde ein saurer und bittrer Saft sein, ein Wein des Wehs und der Trübsal, und daß, je mehr ein Mann von solchem Getränk zu sich nimmt, er um so trauriger zu sein geneigt ist.

Die Scene erinnerte den Bildhauer an unsere Weinlesen in Neu=England, wo die großen Haufen goldener und rosiger Aepfel im milden Herbstsonnenschein unter den Obstgartenbäumen liegen, und die knarrende Aepfelweinmühle, durch ein sich drehendes Pferd in Bewegung gesetzt, ganz von dem Gischt des süßen Saftes schäumt. Offen zu reden, ist die Aepfelweinbereitung der pittoreskere Anblick von beiden, und der nun süße Aepfelwein

ein unendlich besserer Trank als der gewöhnliche unreife toscanische Wein; wie aber auch beschaffen, so füllt der letztere doch tausend und abertausend kleine, flache Fässer, und immer dünner und schärfer werdend, verliert er das geringe Leben, das er als Wein hatte, und wird zu einem Weinessig preiswürdigerer Qualität.

Doch alle diese Scenen und Arbeiten in den Weingärten Toscanas sind zugleich mit einem poetischen Duft umgeben. Die Arbeit, welche diese freundlichen Gaben der Natur hervorbringt, die nicht die Substanz des Lebens, sondern sein Luxus sind, ist anderer Arbeit unähnlich. Wir sind geneigt zu glauben, daß sie den kräftigen Körper nicht beugt, und die ermüdeten Muskeln nicht steif macht, wie die Arbeit, welche in trübem und rauhem Ernst bestimmt ist, Korn für saures Brot aufzuziehen. Gewiß, die sonnverbrannten jungen Männer und dunkelwangigen lachenden Mädchen, welche die reichen Aecker von Monte Beni gäteten, hätten ganz gut für Bewohner eines unverdorbenen Arkadiens angesehen werden können. In späterer Jahreszeit, wenn die wahre Weinlese gekommen sein wird und der Sonnenscheinwein in die Fässer fließt, würde es kaum ein zu sonderbarer Traum sein, sich vorzustellen, daß Bacchus in eigener Person wieder die Plätze besuchte, welche er vor Alters liebte. Aber, ach, wo würde er jetzt den Faun finden, welchen wir ihm in so mancher antiken Gruppe gesellt sehen?

Donatello's reuvolle Qual trübte dies ursprüngliche und freudvolle Leben. Kenyon hatte überdies selbst einen Schmerz, der freilich nicht ganz Schmerz war, in dem unruhigen, nie befriedigten Sehnen seines Herzens nach

Hilda. Er war nicht berechtigt, sich große Freiheit gegen das schüchterne Mädchen herauszunehmen, sogar in seinen Visionen, sodaß er sich fast tadelte, wenn seine Phantasie zuweilen im Detail die süßen Jahre ausmalte, welche sie zusammen in einer Abgeschiedenheit, wie dieser, verleben könnten; denn sie hatte gerade jene Eigenschaft der Entfernung von der wirklichen und gewöhnlichen Welt, welche Liebenden bei ihren idealen Anordnungen für eine glückliche Verbindung in so verlockender Weise vorzuschweben pflegt. Es ist in der That möglich, daß sogar Donatello's Gram und Kenyon's blasse, sonnenlose Liebe Monte Beni in einen Zauber hüllten, welchen es mitten unter einer sprudelndern Freude nicht gehabt haben würde. Der Bildhauer streifte unter seinen Wein- und Obstgärten, seinen Thälern und dichten Gebüschen herum und fühlte sich dabei fast wie ein Abenteurer, der seinen Weg zu dem alten Paradiese finden und seine Lieblichkeit durch die durchsichtige Dunkelheit, welche seit dem Fall stets über jenen Stätten der Unschuld gebrütet hat, erblicken sollte. Adam sah es in einem hellern Sonnenschein, kannte aber nie den Schatten schwermüthiger Schönheit, welchen das Paradies durch seine Vertreibung gewonnen hat.

Der Nachmittag neigte sich zu Ende, als Kenyon von seinem langen, träumerischen Ausflug zurückkehrte. Der alte Tomaso — mit welchem er seit einiger Zeit ein geheimnißvolles Verständniß unterhalten hatte — begegnete ihm in der Eingangshalle und zog ihn ein wenig zur Seite.

„Die Signorina wollte mit Euch sprechen," flüsterte er.

„In der Kapelle?" fragte der Bildhauer.

„Nein, in dem Saale über ihr," antwortete der Kellermeister. „Der Eingang — Ihr saht einst die Signorina durch ihn erscheinen — ist nahe dem Altar hinter dem Teppich verborgen."

Kenyon verlor keine Zeit, der Aufforderung Folge zu leisten.

Dreizehntes Kapitel.

Der Marmorsaal.

In einer alten toscanischen Villa bildet eine Kapelle gewöhnlich eines von den zahllosen Gemächern, obgleich es oft geschieht, daß die Thür fortwährend geschlossen, der Schlüssel verloren und der Platz sich selbst in staubiger Heiligkeit überlassen ist, gleich dem Gemach in des Menschen Herz, worin er seine religiöse Gesinnung verbirgt. Dies war mit der Kapelle von Monte Beni in einem hohen Grade der Fall. An einem regnigen Tage hatte Kenyon jedoch, bei seiner Wanderung durch das große verwickelte Haus, unerwartet seinen Weg in sie gefunden und war durch ihr feierliches Ansehn überrascht. Die gewölbten Fenster, hoch oben in der Mauer und durch Staub und Spinnengewebe verdunkelt, warfen ein düsteres Licht herab und zeigten den Altar, mit dem Gemälde einer Märtyrerscene darüber und einigen großen Wachskerzen davor. Sie waren augenscheinlich angezündet gewesen, hatten eine oder zwei Stunden gebrannt und waren vielleicht ein halbes Jahrhundert früher ausgelöscht worden. Die Marmorvase am Eingang enthielt etwas verhärteten Moder auf dem Boden, der durch den Staub entstanden war, welcher sich während der fortschreitenden Verdünstung des heiligen Wassers darin festgesetzt hatte, und eine Spinne (ein Insekt, welches Vergnügen daran zu finden scheint, die Moral von Oede und Vernachlässigung zu predigen) hatte sich Mühe gegeben, ein recht dichtes Gewebe quer über den kreisförmigen Rand zu ziehen. Ein altes Familienbanner, durch die Motten zerfressen, hing von der gewölbten Decke herab. In den Nischen fanden sich einige mittelalterliche Büsten von Donatello's verschollenen Vorfahren, und unter ihnen vielleicht auch das unbedeutende Antlitz des unglücklichen Ritters, der mit der Wassernymphe so zärtliche Liebesabenteuer bestand.

Wie sehr auch Jovialität und Glück auf Monte Beni heimisch gewesen, so hatte sich doch dieser eine Fleck innerhalb der häuslichen Mauern still, ernst und melancholisch erhalten. Wenn die Familie oder ein einzelnes ihrer Mitglieder sich von Sang und Festlichkeit zurückgezogen, suchten sie hier jenes Wesentliche, was die Menschen von ihren festlichen Zusammenkünften auszuschließen pflegen. Und hier hatte der Bildhauer — zufällig so weit es ihn betraf, obgleich mit Absicht von ihrer Seite — bei der oben angeführten Gelegenheit entdeckt, daß ein weiblicher Gast unter Donatello's Dache sich befand, dessen Gegenwart der Graf nicht argwöhnte. Eine Zusammenkunft hatte seitdem stattgefunden und er war jetzt zu einer andern aufgefordert.

Er durchkreuzte die Kapelle und Tomaso's Angaben folgend, gelangte er durch den Seiteneingang in einen Saal von nicht großem Umfang, der aber prächtiger war, als er geglaubt hatte. Da niemand sich in ihm befand, hatte Kenyon Muße, ihn ein- oder zweimal zu durchschreiten und mit einer Art bequemer Genauigkeit zu untersuchen, ehe irgend eine Person erschien.

Dieser schöne Saal war mit reichem, künstlerisch arrangirtem Marmor gepflastert, auch die Wände waren fast gänzlich mit Marmor von verschiedenen Arten bekleidet, wobei Giallo-antico vermischt mit Verde-antico und andere gleich köstliche Arten abwechselnd vorherrschten. Indessen war es die Pracht des Giallo-antico, was dem Saal Charakter gab; auch die großen und tiefen Nischen die Wände entlang, augenscheinlich für Statuen in Lebensgröße bestimmt, waren mit demselben köstlichen Material ausgelegt. Ohne Italien besucht zu haben, kann man keine Idee von der Schönheit und Pracht haben, welche durch diese Ausschmückungen von geglättetem Marmor hervorgebracht werden. Ohne solche Erfahrungen wissen wir sogar in der That nicht, was Marmor eigentlich bedeutet, außer daß er der weiße Kalkstein ist, aus welchen wir unsere Kamingesimse fertigen. Dieser reiche Saal von Monte Beni war überdies an seinen obern Enden mit zwei Säulen geschmückt, welche aus orientalischem Alabaster zu bestehen schienen; und wo immer eine Stelle des köstlichen und bunten Marmors entbehrte, war sie mit Frescomalereien in Arabeskenform geschmückt. Darüber war eine gewölbte und geschweifte Decke mit Malereien, welche Kenyon mit einem unbestimmten Gefühl von Pracht ergriffen, ohne daß er es jedoch der Mühe für werth hielt, seinen Hals nach oben zu wenden, um sie näher in Augenschein zu nehmen.

Es ist eine der besondern Vorzüge eines solchen Saales von geglättetem und vielfarbigem Marmor, daß das Alter ihn niemals des Glanzes ganz berauben kann. Insofern nicht das Haus auf ihn niederstürzt, scheint er unzerstörbar, und er sieht mit ein wenig Staub in seinen dreihundert Jahren gerade so schimmernd aus, als an dem Tage, an dem die letzte Platte von Giallo=antico in die Mauer gefügt wurde. Dem Bildhauer schien es bei diesem ersten An= blick, als wäre der Saal eine Halle, in welcher die Sonne magisch eingeschlossen sei und immer scheinen müsse. Er stellte sich Miriam's Eintritt vor, wie sie in königliche Gewänder gekleidet sei und in sogar höherer Schönheit strahle, als ihr für gewöhnlich eigen war, so besonderer Art sie auch sein mochte.

Während diese Gedanken seinen Geist beschäftigten, ward die säulengetragene Thür am obern Ende des Saales geöffnet und Miriam erschien. Sie war sehr blaß und in tiefe Trauergewänder gekleidet. Als sie sich Kenyon näherte, war die Schwäche ihres Trittes so augenschein= lich, daß er sich beeilte, ihr entgegenzugehen, indem er fürchtete, daß sie ohne die augenblickliche Stütze seines Armes auf den Marmorboden niedersinken möchte.

Aber mit einem Anflug ihres natürlichen Selbstver= trauens lehnte sie seine Hülfe ab, und nachdem sie mit ihrer kalten Hand die seinige berührt hatte, setzte sie sich auf einen der gepolsterten Divane nieder, welche längs der Wand gereiht waren.

„Ihr seid sehr krank, Miriam!" sagte Kenyon, über ihr Aussehen nicht wenig erschrocken. „Ich hatte davon keine Ahnung."

„Nein, nicht so krank, als ich Euch erscheine," antwortete sie, aber schmerzlich fügte sie hinzu: „doch bin ich krank genug, glaube ich, um zu sterben, wenn nicht rasch eine Veränderung eintritt."

„Worin besteht Euer Leiden?" fragte der Bildhauer, „und worin das Heilmittel?"

„Das Leiden?" wiederholte Miriam. „Es gibt keins, von dem ich wüßte, ausgenommen zu viel Leben und Kraft, ohne einen Zweck für eines oder das andere. Es ist meine zu volle Kraft, welche mich langsam — oder vielleicht rasch — verzehrt, weil ich sie zu nichts verwenden kann. Der Gegenstand, welcher meine einzige Lebensaufgabe sein sollte, fehlt mir gänzlich. Das Opfer, welches ich aus mir zu machen strebe, meine Hoffnungen, mein Alles ist kalt zur Seite geworfen. Nichts ist mir gelassen, als zu brüten, zu brüten, zu brüten den ganzen Tag, die ganze Nacht, in fruchtlosen Erwartungen und Befürchtungen."

„Das ist sehr traurig, Miriam!"

„Ja, allerdings glaube ich das," erwiderte sie mit einem kurzen, unnatürlichen Lachen.

„Könnt Ihr mit der ganzen Thätigkeit Eures Geistes," begann er von neuem, „Ihr, an Plänen so fruchtbar, wie ich Euch gekannt habe, kein Mittel ersinnen, um Eure Hülfsquellen in Gang zu bringen?"

„Mein Geist ist nicht länger mehr thätig," antwortete Miriam mit einem kalten, gleichgültigen Ton. „Er befaßt sich nur noch mit Einem Gedanken und mit keinem andern. Eine Erinnerung beraubt ihn seiner Kraft. Es ist nicht Reue, glaubt dies nicht! Ich fühle für meine Person weder Bedauern noch Reue. Doch was mich erstarren macht — was mich aller Kraft beraubt — es ist kein Geheimniß, welches ein Weib einem Mann erzählen könnte — es ist die Gewißheit, daß ich ein Gegenstand des Entsetzens in Donatello's Augen bin, und immer sein muß."

Der Bildhauer — ein junger Mann, der eine Liebe hegte, welche ihn von den verwirrenden Erfahrungen anderer Menschen fern hielt — war bestürzt, wahrzunehmen, daß Miriam's reiche, ungeregelte Natur sie antrieb, sich selbst, Bewußtsein und alles auf eine Leidenschaft zu werfen, deren Gegenstand geistig weit unter ihr zu stehen schien.

„Wie habt Ihr die Gewißheit erlangt, von welcher Ihr sprecht?" fragte er nach einer Pause.

„O, durch ein sicheres Zeichen," sagte Miriam; „eine Geberde nur, einen Schauer, ein kaltes Zittern, welches ihn an einem sonnigen Morgen durchrieselte, als seine Hand zufällig die meine berührte! Aber es war hinreichend."

„Ich glaube fest, Miriam," versicherte der Bildhauer, „daß er Euch noch liebt."

Sie bebte, und eine flammende Röthe streifte zitternd über die Blässe ihrer Wange.

„Ja," wiederholte Kenyon, „wenn mein Antheil für Donatello — und für Euch, Miriam — mich irgend einer wahren Einsicht fähig macht, so liebt er Euch nicht nur noch, sondern mit einer Kraft und Tiefe, wie sie seinen erstarkten Fähigkeiten in ihrer neuen Entwickelung angemessen sind."

„Täuscht mich nicht!" sagte Miriam, von neuem erblassend.

„Nicht um die Welt!" erwiderte Kenyon; „ich sage,

was ich für Wahrheit halte. Es gab ohne Zweifel eine Zeit, in welcher der Schrecken irgend eines Unheils, über welches ich nicht weitere Andeutungen zu machen brauche, Donatello in eine geheimnißvolle Erstarrung warf. Mit dem ersten Schrecken waren ein unerträglicher Schmerz und schaubernder Widerwille verbunden, welche sich an alle Umstände und Umgebungen des für ihn so schreckhaften Vorfalles heftete. War seine theuerste Freundin in das Entsetzen jenes Augenblicks verwickelt, so würde er vor ihr zurückgebebt sein, wie er es am meisten von allen vor sich selbst that. Aber als sich sein Geist erhob — und er stieg wirklich zu einem höhern Leben empor, als er es bisher gekannt hatte — so belebte sich, was immer wahr und dauernd in ihm gewesen war, durch den nämlichen Impuls. So ist es mit seiner Liebe der Fall gewesen."

"Aber sicher," sagte Miriam, "weiß er, daß ich hier bin! Warum denn, außer weil ich ihm verhaßt bin, heißt er mich nicht willkommen?"

"Er hat, glaube ich, von Eurer Anwesenheit Kenntniß," antwortete der Bildhauer. "Euer Gesang vor ein oder zwei Nächten muß es ihm offenbart haben, und in Wahrheit glaubte ich zu bemerken, daß bereits er davon eine Ahnung hatte. Aber je leidenschaftlicher er nach Eurer Gesellschaft verlangt, um so gewissenhafter hält er sich für verpflichtet, sie zu meiden. Die Idee einer lebenslangen Buße hat sich Donatello's in entschiedener Weise bemächtigt. Er tastet blind um sich nach einer Methode quälerischer Selbstmarter und findet ohne Zweifel keine andere, die ihm so wirksam erschiene als diese."

„Aber er liebt mich," wiederholte Miriam mit leiser Stimme für sich. „Ja, er liebt mich!"

Es war eigenthümlich, die weibliche Sanftmuth zu bemerken, welche sich in ihrem Wesen von dem Augenblick an offenbarte, wo sie sich diesen Trost einredete. Die kalte, unnatürliche Gleichgültigkeit ihres Wesens, eine Art gefrorene Leidenschaftlichkeit, welche den Bildhauer erschreckt und befremdet hatte, verschwand. Sie erröthete und wendete ihre Augen hinweg, da sie wußte, daß mehr Erstaunen und Freude in ihrem thauigen Glanze war, als irgend ein Mann, einer ausgenommen, darin entdecken sollte.

„Ist er in anderer Hinsicht sehr verändert?" fragte sie nach einer Pause.

„Ein wunderbarer Proceß geht in Donatello's Geist vor," antwortete der Bildhauer. „Die Keime der Eigenschaften, welche vor diesem schliefen, gelangten schnell zur Entwickelung. Die Welt des Gedankens enthüllt sich vor seinem innern Blick. Er erregt zu Zeiten mit seinen Ideen von tiefer Wahrheit mein Erstaunen und ebenso oft, ich gestehe es, zwingt er mich, über die wunderliche Vermischung seiner frühern Einfalt mit einer neuen Intelligenz zu lächeln. Aber er ist durch die Offenbarungen, welche jeder Tag ihm bringt, irre geführt. Seine bitter Todesangst hat ihm, könnte ich fast sagen, eine Seele und Verstandeskraft eingehaucht."

„Ach, ich könnte ihm da helfen!" rief Miriam, ihre Hände zusammenschlagend. „Und welch eine süße Arbeit, meine ganze Natur zu beugen und anzuwenden, ihm wohlzuthun! Mit der Fülle meines Geistes den seinen zu belehren, zu erheben und zu bereichern! Wer sonst kann die Aufgabe erfüllen?' Wer sonst hat das zärtliche Mitgefühl, welches er verlangt? Wer sonst, außer mir — ein Weib, eine Mitwisserin des nämlichen schrecklichen Geheimnisses, eine Mitschuldige an der gleichen Schuld — könnte ihm mit solchen Ausdrücken inniger Seelengemeinschaft, wie sie der Fall verlangt, entgegenkommen? Ja, hätte ich dieses Ziel vor mir, so könnte ich ein Recht zu leben fühlen! Ohne dasselbe ist es eine Schande für mich, so lange gelebt zu haben."

„Ich stimme völlig mit Euch überein," sagte Kenyon, „daß Euer richtiger Platz an seiner Seite ist."

„Sicher ist er da," erwiderte Miriam. „Wenn Donatello auf etwas im Leben Anspruch machen kann, so ist es auf meine vollkommene Selbstaufopferung um seinetwillen. Es schwächt seinen Anspruch nicht, dünkt mich, daß für mich die einzige Aussicht auf Glückseligkeit — freilich ein fürchterliches Wort! — in dem Segen liegt, der ihm aus unserer Verbindung erwachsen könnte. Aber er verwirft mich! Er will nicht auf das Flüstern seines Herzens hören, welches ihm sagt, daß sie, die Unglückseligste, welche ihn zum Bösen verführte, ihm dafür eine höhere Unschuld zu verschaffen vermag, als jene, von welcher er abfiel. Wie ist dieser ersten großen Schwierigkeit zu begegnen?"

„Es liegt in Eurer Wahl, Miriam, das Hinderniß in jedem Augenblick hinwegzuräumen," bemerkte der Bildhauer. „Es ist nur Donatello's Thurm zu ersteigen, und Ihr werdet ihn dort unter Gottes Augen begegnen."

„Ich darf nicht," antwortete Miriam. „Nein, ich darf nicht!"

„Fürchtet Ihr," fragte der Bildhauer, „den fürchterlichen Augenzeugen, welchen ich genannt habe?"

„Nein; denn so weit ich in dieses dunkle und unergründliche Ding blicken kann, hat mein Herz nur reine Motive," erwiderte Miriam. „Aber, mein Freund, Ihr wißt wenig, welch ein schwaches oder welch ein starkes Geschöpf ein Weib ist. Ich fürchte nicht den Himmel, in diesem Fall am wenigsten, aber — soll ich es bekennen? — ich hege große Furcht vor Donatello. Einmal schauderte er bei meiner Berührung. Wenn er noch einmal schaudert oder sich hinwegwendet, sterbe ich!"

Kenyon war voll Verwunderung über die Unterwerfung, in welche sich dieses stolze und unabhängige Weib freiwillig gefügt hatte, indem sie ihr Leben von der Alternative eines freundlichen oder unfreundlichen Blickes einer Person, welche kurz vorher nur das Spielzeug ihrer Augenblickslaune zu sein schien, abhängig machte. Aber in Miriam's Augen war Donatello hinfort immer mit der traurigen Würde ihres gemeinsamen Verbrechens angethan, und ferner machte sie die genaue und tiefe Einsicht, mit welcher ihre Liebe sie ausgestattet hatte, fähig, ihn weiter besser zu kennen, als gewöhnliche Beobachter ihn zu kennen vermochten. Jedenfalls war, seit sie ihn so liebte, eine Kraft in Donatello, ihrer Achtung und Liebe werth.

„Ihr seht meine Schwäche," sagte Miriam, ihre Hände ausstreckend, wie eine Person thut, welche einen Fehler eingestanden, der doch unheilbar ist. „Was ich jetzt bedarf, ist eine Gelegenheit, meine Stärke zu zeigen."

„Es ist mir eingefallen," bemerkte Kenyon, „daß die Zeit gekommen ist, in welcher es wünschenswerth sein möchte, Donatello aus der vollkommenen Einsamkeit zu entfernen, in welcher er sich begräbt. Er hat lang genug mit Einem Gedanken gekämpft. Er bedarf jetzt einer Mannichfaltigkeit von Gedanken und dies kann durch nichts so leicht erreicht werden, als durch das Medium mannich= faltiger Scenen. Sein Geist ist jetzt erwacht, sein Herz, obgleich voll von Schmerz, ist nicht mehr öde. Sie soll= ten Nahrung und Trost haben. Wenn er sich hier noch viel länger aufhält, so fürchte ich, daß er wieder in Lethar= gie versinken möchte. Die äußerste Reizbarkeit, welche gewisse Umstände seiner moralischen Natur ertheilt haben, hat ihre Gefahren und ihre Vortheile. Die Einsamkeit hat für ihn gethan, was sie konnte; jetzt muß man ihn für eine Weile in die Außenwelt zu ziehen suchen."

„Und was ist Euer Plan?"

„Einfach," erwiderte Kenyon, „Donatello zu überreden, mein Gefährte bei einem Streifzug unter diesen Hügeln und Thälern zu sein. Die kleinen Abenteuer und Ab= wechselungen des Wanderlebens werden ihm unaussprech= lich wohl thun. Nach seiner neuen, tiefen Erfahrung wird er die Welt in ganz anderer genußreicherer und fruchtbare= rer Weise ansehen. Ich hoffe, er wird einem krankhaften Leben entfliehen und seinen Weg in ein gesundes finden."

„Und was wird mein Theil bei diesem Verfahren sein?" fragte Miriam traurig und nicht ohne Eifersucht. „Ihr nehmt ihn von mir und setzt Euch selbst und alle Arten von persönlichen Interessen an den Platz, welchen ich allein füllen sollte!"

„Es würde mir Freude machen, Miriam, die voll= ständige Verantwortlichkeit dieses Amtes Euch zu über=

laſſen," antwortete der Bildhauer. „Ich beanſpruche nicht, der Führer und Rathgeber zu ſein, welchen Donatello braucht, denn um kein anderes Hinderniß zu erwähnen, ich bin ein Mann, und zwiſchen Mann und Mann iſt immer ein unüberwindbarer Abgrund. Sie können nie ganz einer die Hand des andern ergreifen; und deshalb empfängt ein Mann niemals irgend eine innere Hülfe, irgend eine Herzensnahrung von dem Mann, ſondern von dem Weibe — ſeiner Mutter, ſeiner Schweſter, ſeiner Gattin. Seid daher Donatello's Freund in der Noth, und gern will ich ihm entſagen!"

„Es iſt nicht freundlich, mich auf dieſe Weiſe zu ſchmähen," ſagte Miriam; „ich habe Euch geſagt, ich kann nicht thun, was Ihr vorſchlugt, weil ich nicht darf."

„Gut denn," verſetzte der Bildhauer, „ſeht, ob irgendeine Möglichkeit iſt, Euch in meinen Plan zu fügen. Die Zufälligkeiten einer Reiſe werfen oft Leute auf das ſonderbarſte, und deshalb auf die natürlichſte Weiſe zuſammen. Vorausgeſetzt, Ihr befändet Euch auf demſelben Wege, würde da nicht vielleicht eine Wiedervereinigung mit Donatello erfolgen können? und würde nicht bei ihr die Vorſehung mehr als irgendeiner von uns die Hand im Spiele haben?"

„Es iſt kein hoffnungsvoller Plan," ſagte Miriam, nachdem ſie eine Minute lang überlegt und dann ihren Kopf geſchüttelt hatte. „Doch will ich ihn nicht ohne einen Verſuch verwerfen. Nur im Fall er mißglückt, habe ich einen Entſchluß, den ich feſthalten werde, komme was da komme! Ihr kennt die Erzſtatue des Papſtes Julius auf dem großen Platze von Perugia? Ich erinnere mich, einmal bei sonniger Mittagszeit in dem Schatten dieser Statue gestanden und, durch des Papstes patriarchalisches Aussehen gerührt, mir eingebildet zu haben, daß sich ein Segen von seinen ausgestreckten Händen auf mich herabsenkte. Seitdem hegte ich den Aberglauben — Ihr werdet es närrisch nennen, doch traurige und zum Unglück bestimmte Menschen träumen gern von solchen Dingen — daß, wenn ich lang genug an der nämlichen Stelle wartete, sich irgendetwas Gutes ereignen müsse. Wohlan, mein Freund, genau vierzehn Tage nach Beginn Eurer Reise, bringt — wenn wir uns nicht früher treffen — Donatello zu Mittag an den Fuß der Statue. Dort werdet Ihr mich finden!"

Kenyon stimmte dem Vorschlage bei, und nachdem sie über die von ihm beabsichtigte Reiseroute einige Worte ausgetauscht, bereitete er sich vor, Abschied zu nehmen. Als er, Lebewohl sagend, Miriam's Augen begegnete, war er erstaunt über die neue sanfte Freude, die aus ihnen glänzte, und über das Erscheinen von Gesundheit und Blüte, welche sich innerhalb dieser wenigen Augenblicke über ihr Gesicht gebreitet hatten.

„Darf ich Euch sagen, Miriam," hob er lächelnd an, „daß Ihr noch so schön seid wie immer?"

„Ihr habt ein Recht, es zu bemerken," erwiderte sie, „denn wenn es so ist, so ist meine verwelkte Blüte durch die Hoffnungen, welche Ihr mir gebt, wieder belebt worden. Haltet Ihr mich denn für schön? Ich freue mich, wahrhaftig! Schönheit — wenn ich sie besitze — soll eine von den Werkzeugen sein, durch welche ich ihn zu erziehen und zu erheben suchen werde, ihn, dessen Wohl zu fördern meine einzige Lebensaufgabe sein soll."

Der Bildhauer hatte fast die Thür erreicht, als er sich von ihr rufen hörte. Er kehrte zurück und sah Miriam noch dastehen, wo er sie verlassen hatte, in dem prachtvollen Saale, welcher nichts als ein passender Rahmen für ihre Schönheit zu sein schien. Sie winkte ihm zu ihr zurückzukehren.

„Ihr seid ein Mann von geläutertem Geschmack," sagte sie; „mehr als das — ein Mann von zartem Gefühl. Nun sagt mir offen, und auf Eure Ehre, beleidigte ich Euch nicht öfters während dieser Zusammenkunft durch einen Mangel an weiblicher Delikatesse, durch mein rücksichtsloses, leidenschaftliches, unzartes Geständniß, daß ich nur in dem Leben des Einen lebe, welcher mich vielleicht verschmäht und vor mir schaudert?"

Wie delikat der Punkt auch immer sein mochte, welchen sie hier berührte, Kenyon war nicht der Mann, in der Erwiderung auf eine so bringliche Aufforderung sich von der einfachen Wahrheit zu entfernen.

„Miriam," erwiderte er, „Ihr übertreibt den auf meine Seele gemachten Eindruck; aber er ist schmerzlich gewesen, und hatte etwas von dem Charakter, welchen ihr voraussetzt."

„Ich wußte es," sagte Miriam traurig und ohne Groll. „Was von meiner zartern Natur übrig geblieben ist, würde mir es gesagt haben, selbst wenn es nicht ganz in der von Euch bezeichneten Weise bemerkbar gewesen wäre. Nun wohlan, mein theurer Freund, wenn Ihr nach Rom zurückkehrt, sagt Hilda, was ihre Härte gethan hat! Sie war der Inbegriff aller Weiblichkeit für mich; und als sie mich verwarf, verpflichtete mich nichts mehr, den Rückhalt und das Decorum meines Geschlechtes zu beobachten. Hilda hat mich frei gemacht! Bitte, sagt Ihr das von Miriam, und dankt Ihr!" .

„Ich werde Hilda nichts sagen, was ihr Schmerz machen könnte," antwortete Kenyon. „Aber Miriam — ich weiß zwar nicht, was zwischen ihr und Euch vorgefallen ist — aber ich fürchte — und laßt die edle Offenheit Eurer Denkungsart mir verzeihen, wenn ich so sage — ich fürchte, daß sie Recht hatte. Ihr besitzt tausend bewundernswerthe Eigenschaften. Wie viel Böses auch immer Euer Leben verdunkelt haben mag — verzeiht mir, denn Eure eignen Worte lassen es ahnen — so seid Ihr doch noch so vieler erhabenen und heroischen Tugenden fähig wie immer. Aber die weiße, schimmernde Reinheit von Hilda's Natur ist ein Ding für sich; und sie ist durch den reinen Stoff, aus welchem Gott sie formte, verpflichtet, jene Strenge zu bewahren, welche wir, ich sowohl wie Ihr, erkannt haben."

„O, Ihr habt Recht!" sagte Miriam. „Ich bezweifelte es nie, obgleich es, wie gesagt, die wenig übriggebliebenen Bande zwischen mir und der geziemenden Weiblichkeit zerriß, als sie mich aufgab. Aber wäre irgendetwas zu vergeben, ich vergebe ihr. Mögt Ihr ihr jungfräuliches Herz gewinnen; denn ich glaube, es könne wenig Männer in dieser bösen Welt geben, welche ihrer so würdig sind, als Ihr es seid."

Vierzehntes Kapitel.

Reisescenen.

Als die Zeit kam, das ruhevolle Leben von Monte Beni zu verlassen, fühlte der Bildhauer einiges Bedauern und würde gern noch ein wenig länger von dem süßen Paradies auf Erden geträumt haben, welches sich seine Phantasie an Hilda's Seite dort so lieblich ausmalte. Nichtsdestoweniger begann mitten unter all dieser Ruhe sich eine gewisse unruhige Melancholie seiner zu bemächtigen, welcher die Jünger der idealen Künste überhaupt mehr unterworfen sind als stärkere Menschen. Für seine eigene Person und ohne Rücksicht auf Donatello würde er es schon deshalb für räthlich gehalten haben zu scheiden. Er machte dem märchenhaften Thal und andern angenehmen Plätzen, mit welchen er vertraut geworden, Abschiedsbesuche; er erstieg den Thurm wieder, und sah einen Sonnenuntergang und einen Mondaufgang über dem großen Thal; er trank am Vorabend seiner Abreise eine Flasche und dann noch eine von dem Monte Beni-Wein, er prägte sich seinen Wohlgeschmack ins Gedächtniß als den Inbegriff alles dessen, was der Wein Köstliches hat. Nachdem er dies alles gethan, war Kenyon zur Reise fertig.

Es war nicht leicht, Donatello aus der eigenthümlichen Trägheit emporzuraffen, welche melancholische Leute beherrscht und verzaubert. Er hatte nur einen leidenden, keinen thätigen Widerstand den Plänen seines Freundes entgegengesetzt; als die Stunde gekommen, fügte er sich, und er befand sich auf der Reise, ehe er sich eigentlich entschlossen hatte, sie zu unternehmen. Sie pilgerten wie zwei fahrende Ritter unter den Thälern und den Bergen und den alten Gebirgsstädten jener malerischen und lieblichen Gegend vorwärts. Außer der Verabredung mit Miriam, nach vierzehn Tagen auf dem großen Platze von Perugia zusammenzutreffen, hatte der Bildhauer zunächst nichts weiter im Sinne, als sich hierhin und dorthin, gleich beschwingtem Saamen, welcher sich bei jedem heranstreichenden Luftzuge erhebt, forttreiben zu lassen.

Beide Freunde traten ihre Reise zu Pferde an, und beabsichtigten, ihre ziellosen Streifereien vorzugsweise bei Mondschein und in der Kühle der Morgen- und Abenddämmerung auszuführen, da die Mittagssonne selbst in dieser Jahreszeit noch zu heiß war, um sich ihren Strahlen auszusetzen.

Eine Zeit lang ritten sie in demselben breiten Thal, welches Kenyon mit solchem Vergnügen vom Thurme zu Monte Beni aus gesehen hatte. Der Bildhauer begann bald, sich der ziellosen Thätigkeit ihres neuen Lebens zu erfreuen, indem es dabei nur darauf ankam, für einen oder die zwei nächsten Tage die Reiseroute festzustellen; es ist den Menschen so natürlich zu nomadisiren, daß man nur etwas von dieser ursprünglichen Weise der Existenz zu kosten braucht, um den festgesetzten Gewohnheiten vieler vorhergehender Jahre mit Vergnügen zu entsagen. Kenyon's Sorgen, und was ihn sonst für düstere Gedanken erfüllten, schienen zu Monte Beni zurückgelassen zu sein, und als der graue Schloßthurm auf der braunen Hügelseite unkenntlich wurde, dachte er ihrer kaum noch. Sein Wahrnehmungsvermögen, welches in der letzten Zeit wenig Uebung gefunden hatte, wurde bei seiner jetzigen anregenden Lebensweise geschärft, und hundert angenehme Scenen gingen in buntem Wechsel an seinem Auge vorüber.

Er ergötzte sich an den malerischen Bildern ländlichen Lebens, wovon auf der Außenseite unseres Lebens in der Heimat so wenig zur Erscheinung kommt. Da waren zum Beispiel die alten Frauen, welche kleine Schweine oder Schafe an der Wegseite hüteten. Während sie mit ihren Heerden hin und her trippelten, spannen diese ehrwürdigen Damen Garn, mit der anderswo vergessenen Erfindung, der Kunkel; und sie waren so runzelig und finster blickend, daß ihr sie für die Parzen hättet halten können, welche die Fäden des menschlichen Schicksals spinnen. Im Gegensatz zu ihren Urgroßmüttern standen die Kinder, welche Ziegen mit zottigem Bart, an den Hörnern gebunden, führten und sie Zweig und Busch abfressen ließen. Es ist der Gebrauch Italiens, die geringe Arbeitskraft des Alters und der Kindheit der Summe menschlicher Arbeit hinzuzufügen. Für die Augen eines Beobachters aus der westlichen Welt war es ein eigenthümlicher Anblick, stämmige, sonnenverbrannte Geschöpfe in Unterröcken, sonst aber wahrhafte Mannweiber, an der Seite männlicher Arbeiter, in der rohesten Feldarbeit thätig zu sehen. Diese stämmigen Frauen (wenn wir sie als solche anerkennen dürfen) tragen den hochgipfligen, breiträndigen Hut von toskanischem Stroh, die gebräuchliche weibliche Kopfbedeckung; und da jeder Luftzug seine Krämpe zurückweht, wirft der Sonnenschein beständig tiefe Schatten auf die braune Farbe ihrer Wangen. Die hexenartige Häßlichkeit der älteren Schwesterschaft wird außerdem durch die schwarzen Filzhüte bis zum äußersten gesteigert, von welchen man glauben möchte, daß sie dieselben von ihren langbegrabenen Ehemännern geerbt hätten.

Ein anderer gewöhnlicher Anblick, so ländlich wie der obige, aber angenehmer, war ein Mädchen, welches auf ihrem Rücken ein ungeheures Bündel von grünen Zweigen und Sträuchern oder Gras einhertrug, mit dunkelrothem Mohn und blauen Blumen untermischt, und zwar ist die grüne Last zuweilen von solcher Größe, daß sie die Gestalt der Trägerin verbirgt, und eine sich selbst bewegende Masse von wohlriechender Blüte und von Grün zu sein scheint. Oefter indessen reicht das Bündel nur halb den Rücken der ländlichen Nymphe herab und läßt ihre wohl entwickelten untern Glieder und das gekrümmte, hinter ihr hängende Messer sehen, mit welchem sie diese seltsame Herbstbeute abschnitt. Ein vor-Raphaelitischer Künstler (jener zum Beispiel, welcher so bewundernswerth einen vom Wind zusammengefegten Haufen herbstlicher Blätter malte) dürfte ein wundervolles Object an einem dieser toskanischen Mädchen finden, welche mit einer so freien, aufgerichteten und anmuthigen Haltung daherschreiten. Die bunten Kräuter und verschlungenen Zweige und Blüten ihres Bündels, die ihren Kopf umkränzen (während ihr geröthetes, lieblices Angesicht zwischen den zur Seite hängenden Gewinden wie eine größere Blume hervorschaut) würde einem für dieses Genre geeigneten Maler einen überaus glücklichen, einer minutiösen Skizze würdigen Stoff liefern.

Obgleich mit dem, was roh und irdisch ist, untermengt, gab es noch einen heimlichen, traumähnlichen, arkadischen Zauber, welcher kaum in der Cultur anderer Länder zu finden ist. Unter den anmuthigen Gestaltungen längs des Weges befanden sich stets die Weinreben, welche sich an Feigenbäume oder andere starke Stämme anklammerten; sie wanden sich in ungeheuern und reichen Festons von einem Baume zum andern, mit hängenden Büscheln reicher Trauben in den Zwischenräumen. Bei so sorgloser Pflege gewährt die üppige Rebe einen lieblicheren Anblick, als da, wo er ein köstlicheres Getränk liefert, und deshalb mit mehr Kunst gebändigt und gezogen ist. Nichts kann pittoresker sein, als eine alte Weinpflanze, welche sich, wie fast um ihren eigenen Stamm, fest um ihren unterstützenden Baum windet. Auch ermangelt das Bild seiner Moral nicht. Ihr könntet mehr als eine ernste Lehre damit verbinden, wenn ihr seht, wie das knotige, geschlängelte Gewächs in seine feste Umarmung den Freund eingeschlossen hat, welcher seine zarte Kindheit unterstützte; und wie es (und scheinbar biegsame Naturen sind, scheint es, so zu thun geneigt) den stärkern Baum gänzlich zu seinen selbstsüchtigen Zwecken verwendet, indem es seine unzähligen Arme an jedem Zweig ausbreitet, und kaum einem Blatt zu wachsen erlaubt, seine eigenen ausgenommen. Es fiel Kenyon ein, daß die Gegner des Weines in seinem Geburtsland hier ein Sinnbild des unbarmherzigen Druckes hätten sehen können, welchen die Gewohnheit des Weingenusses ihrem Opfer auferlegt, indem sie gänzlich von ihm Besitz nimmt und ihm kein anderes Leben gewährt, als das, welches der Wein erzeugt.

Nicht weniger charakteristisch war die Scene, als ihr Weg die beiden Wanderer durch irgendeine kleine alte Stadt führte. Dort nahmen sie, neben den Eigenthümlichkeiten des gegenwärtigen Lebens, Zeichen eines Daseins wahr, welches lange vorher existirte und sich nun ausgelebt hatte. Die kleine Stadt, so wie wir sie mit unserm geistigen Auge sehen, pflegt ihr Thor und ihre umgebenden Mauern zu haben, so alt und massiv, daß ganze Zeitalter nicht hinreichen dürften, sie zu zerstören; aber in dem hohen oberen Theil des Thorweges, noch über dem leeren Bogen befindlich, wo es nicht weiter ein Thor zu verschließen gab, müßte ein Taubenschlag sein mit friedfertigen Tauben als einzigen Hütern. Reifende Früchte liegen in den offenen Gemächern des Baues. Was sodann die Stadtmauer betrifft, so dehnt sich an der Außenseite, längs der Basis, friedlich ein Obstgarten aus, angefüllt nicht mit Aepfelbäumen, sondern mit Olivenbäumen, jenen alten Humoristen, mit knorrigen Stämmen und verschlungenen Aesten. Häuser sind auf den Brustwehren erbaut, oder aus deren gewichtigen Fundamenten herausgehöhlt. Selbst die grauen kriegerischen Wartthürme, mit zerfallenen kleineren Thürmchen gekrönt, sind in Wohnhäuser ländlichen Charakters verwandelt worden, aus deren Fenstern Maisähren herabhängen. An einer Thür, welche durch das massive Steinwerk, da wo es am stärksten schien, gebrochen worden, sind einige Conta=

binis mit Kornworfeln beschäftigt. Kleine Fenster sind gleichfalls durch die ganze Linie der alten Mauer gebrochen, sodaß das Ganze sich wie eine Reihe von Wohnungen mit einer einzigen zusammenhängenden, in einem wunderlichen Styl unnöthiger Stärke erbauten Fronte darstellt; aber Ueberreste der alten Zinnen und Befestigungen sind mit den häuslichen Gemächern und den mit Erdziegeln bedeckten Hausgiebeln untermengt; und ihre ganze Ausdehnung entlang fühlen sich sowohl die Weinrebe als die wuchernde Blumenvegetation ermuthigt, über die Rauhheiten des Ruins gleichsam spielend hinwegzuklettern.

Und endlich wogt auch noch langes Gras, mit Unkraut und wilden Blumen untermischt, auf der äußersten Höhe der zersprungenen Mauer; und es macht einen ausnehmend erfreulichen Eindruck, im goldnen Sonnenschein des Nachmittags die kriegerischen Mauern in ihren alten Tagen so freundlich und so mit ländlichem Frieden überwachsen zu sehen. In diesen Wachtstuben, diesen Gefängnißzellen, und aus ihrer mächtigen Breite ausgehöhlt, gibt es heutzutage Wohnungen, wo trotzdem glückliche Menschen leben. Elternpaare und Schwärme von Kindern nisten in ihnen, gerade wie die Schwalben in den kleinen Rissen längs der zerbröckelten Mauerhöhle nisten.

Durch den Thorweg derselben kleinen Stadt gehend, nur durch jene wachsamen Schildwachen, die Tauben angegurrt, befinden wir uns in einer langen, engen Straße, in der ganzen Breite nach alter römischer Weise mit Fließen gepflastert. Nichts kann der finstern Häßlichkeit der Häuser gleichkommen, von welchen die meisten drei oder vier Stock hoch sind, aus Stein gebaut, grau, verfallen, mit in Fetzen herabhängendem Mörtelbewurf, und alle aneinanderhängend, von einem Ende der Stadt zum andern. Die Natur, in der Gestalt eines Baumes, Strauches oder grasigen Seitenpfades, ist aus der einen Straße des bäuerlichen Städtchens gerade so gut ausgeschlossen, wie aus dem Herzen einer volkreichen Stadt. Die dunklen und halbverfallenen Wohnungen mit ihren kleinen Fenstern, von welchen viele mit hölzernen Läden traurig verschlossen sind, gleichen nur vergrößerten, Stock auf Stock gehäuften Hütten, und sind unsauber und voll Schmuz, welchen aufeinander folgende Zeitalter hinter sich gelassen haben. An einem regnigen Tage, oder wenn sie menschenleer ist, die Straße zu betrachten, würde ein widerlicher Anblick sein. An einem Sommermittag indeß besitzt sie Lebhaftigkeit genug, um ein heiteres Ansehen zu haben; denn aus allen Häusern des Dorfes strömt dann die Bevölkerung auf die Straße, oder blickt aus den kleinen Fenstern und hier und da von einem Balcon. Einzelne befinden sich im Fleischerladen, andere an der Fontaine, welche sich in ein Marmorbecken ergießt, das einem alten Sarkophage ähnelt. Ein Schneider näht vor seiner Thür, und neben ihm sitzt in vertrauter Nähe ein Priester; ein dickbäuchiger Mönch geht mit einem leeren Weinfaß auf dem Kopf vorüber; Kinder sind beim Spiel; Frauen bessern auf ihren Thürstufen Kleider aus, sticken, weben Hüte von toskanischem Stroh, oder drehen die Kunkel. Viele Faullenzer schlendern indessen von einer Gruppe zur andern, und lassen den warmen Tag in der süßen, unaussprechlichen Beschäftigung des Nichtsthuns vorüberschlüpfen.

Da gibt es ein Geplauder und Gelärme, welches mit

der Zahl der Zungen, die es verursachen, vollkommen im Mißverhältniß zu stehen scheint. So viele Worte werden in einem Dorfe Neu-Englands das ganze Jahr hindurch nicht gesprochen — ausgenommen es ist eine politische Wahlversammlung oder ein anderes Meeting — als hier ohne einen besondern Zweck in einem einzigen Tage gesprochen werden. Weder soviel Worte, noch soviel Gelächter; denn die Leute sprechen über Nichts, als wäre es ihnen schrecklicher Ernst, und belustigen sich über Nichts, als wäre es der beste von allen möglichen Scherzen. Während einer so langen Zeitdauer ihrer Existenz und in so engen Grenzen sind diese kleinen, mit Mauern umgebenen Städte in eine engere Gesellschaft zusammengedrängt, was sie nur zu einem größern Haushalt macht. Alle Einwohner sind mit jedem Einzelnen verwandt, und jeder Einzelne mit Allen; sie kommen in den Straßen wie ihrem gemeinsamen Salon zusammen, und leben und sterben so in einer Ungezwungenheit des Verkehrs, wie man sie nie kennen lernen kann, wo eine Ortschaft an jedem Ende und alles ringsherum offen ist und einen ausgedehnten Raum in sich schließt.

Neben der Thür eines Hauses dieser ländlichen Straße ist ein verwelkter Zweig aufgesteckt; und auf einem Steinsitz, gerade unter dem Schatten des Zweiges, sitzt eine Gesellschaft fröhlicher Trinker, den neuen Wein probend oder den alten als ihren oft versuchten und angenehmen Freund hinabschlürfend. Kenyon kehrte hier ein (denn der Zweig oder der Büschel ist noch heutzutage in Italien ein Symbol der Weinschenke, wie er es vor dreihundert Jahren in England war) und bestellte einen Trunk des tiefen, milden

Purpursaftes, reichlich mit Wasser aus der Fontaine ver=
dünnt. Wie würde hier der „Sonnenschein" von Monte
Beni willkommen gewesen sein! Inzwischen ist Donatello
vorwärts geritten, steigt aber herab, wo ein Schrein, mit
einer brennenden Lampe davor, in die Mauer eines Gast=
hofstalles eingefügt ist. Er kniet und bekreuzt sich und
murmelt ein kurzes Gebet, ohne die Aufmerksamkeit der
Vorübergehenden auf sich zu ziehen, von welchen viele in
einer ähnlichen Weise flüchtig ihre Andacht verrichten.
Eben hatte der Bildhauer seinen Wein= und Wassertrunk
hinuntergeschlürft und die beiden Wanderer setzten ihren
Weg fort, indem sie aus dem entgegengesetzten Thore des
Städtchens hinausgelangten.

Vor ihnen liegt wieder das breite Thal, über das sich
ein so dünner Nebel ausbreitet, daß er nur in der Ent=
fernung, und zumeist in den Schluchten der Hügel wahr=
nehmbar ist. Wir haben es soeben Nebel genannt, was
wir besser Sonnenschein hätten nennen sollen, da der Glanz
von so viel Licht mit so wenig Dunkelheit in dem duftigen
Stoff dieses Dunstes vermengt ist. Sei es Nebel oder
Sonnenschein, es fügt der Scene einen Anstrich idealer
Schönheit hinzu und macht den Beschauer fast glauben,
daß dieses Thal und jene Hügel nur Visionen sind, weil
ihre sichtbare Atmosphäre der Substanz eines Traumes so
ähnlich ist.

Indessen nahmen sie um sich her zugleich auch Zeichen
in Fülle wahr, daß das Land nicht wirklich das Paradies
sei, welches es bei einem zufälligen Blick zu sein schien.
Weder die elenden Hütten, noch die traurigen Pachthäuser
schienen an dem Gedeihen Theil zu nehmen, mit welchem

ein so freundliches Klima und ein so fruchtbarer Theil von dem Busen der Mutter Erde sie doch insgesammt hätten erfüllen müssen. Aber möglicherweise fristen die ländlichen Einwohner ihre Existenz nicht in einer so schmuzigen Armuth und in so trostlosen Häusern, wie der Fremde mit seinen heimischen Vorstellungen von solchen Dingen sich einzubilden geneigt ist. Die Italiener scheinen nichts von jenem stolzen Wetteifer zu besitzen, welchen wir in den Dörfern unsers Neu=Englands wahrnehmen, wo sich jeder Hausherr bemüht, seine Heimstätte seinem Geschmack und seinen Mitteln angemessen zu einer Zierde der grasigen und von Ulmen beschatteten Flur zu machen. In Italien gibt es keine saubern Thürstufen und Thürschwellen; keine gefälligen, weinbedeckten Portale; keine von jenen Grasplätzen, oder glatt gehaltenen Wiesen, welche die Phantasie gastfreundlich in die lieblichen innern Häuslichkeiten des englischen Lebens einladen. Alles, so sonnig und glänzend auch ringsumher die Scenerie erscheinen mag, ist in der unmittelbaren Nachbarschaft einer italienischen Behausung in ganz besonderer Weise entmuthigend.

Ein Künstler mag allerdings für jene alten Häuser, so malerisch von der Zeit gefärbt und mit dem stückweis von der alten Ziegelsteinmauer herabfallenden Mörtel, oft seinen Sternen danken. Die gefängnißähnlichen, mit Eisen vergitterten Fenster und der weitbogige, traurige Eingang, auf der einen Seite zu dem Stall, auf der andern zu der Küche führend, mag ihm als seines Pinsels weit mehr werth erscheinen, als die neuerlich gemalten Kistchen von Häusern, in welchen — wenn er ein Amerikaner ist — seine Landsleute leben und gedeihen. Aber man hat Grund zu argwöhnen, daß sich ein Volk in dem Augenblick dem Verfall und Ruin nähert, wo sein Leben entweder auf die Phantasie des Dichters oder auf das Auge des Malers wie ein Zauber wirkt.

Wie gewöhnlich an italienischen Landstraßen, ritten die Reisenden an großen schwarzen Kreuzen vorüber, mit allen Werkzeugen des heiligen Todes und Leidens behangen: da waren die Dornenkrone, der Hammer und die Nägel, die Zange, der Speer, der Schwamm; und über dem Ganzen prangte der Hahn, welcher St. Peters reuevolles Gewissen wachkrähte. Während nun die fruchtbare Gegend die nie fehlende Güte und Barmherzigkeit des Schöpfers gegen den Menschen in seinem transitorischen Zustande zeigte, erinnerten diese Symbole jeden Reisenden an des Heilands unaussprechlich größere Liebe für ihn als einen unsterblichen Geist. Diese geweihten Stationen erblickend, schien Donatello von dem Gedanken ergriffen, die an sich planlose Reise in eine bußfertige Wallfahrt zu verwandeln. An jeder derselben stieg er ab, um niederzuknien und das Kreuz zu küssen, und demüthig seine Stirn gegen dessen Fuß zu drücken; und dies so beständig, daß Kenyon bald bei solchen Gelegenheiten sein Pferd ruhig weiter traben ließ. Immerhin mag auch Kenyon, obschon Ketzer, für den Seelenfrieden seines Freundes und für die Vergebung der Sünde, welche ihn so niederdrückte, ein angesichts dieser heiligen Symbole doppelt inbrünstiges Gebet zum Himmel emporgesandt haben.

Nicht nur vor den Kreuzen kniete Donatello nieder, sondern an jedem der vielen Schreine, wo die heilige Jungfrau in Fresco — durch Sonnenschein gebleicht und durch

Regenschauer halb verwaschen — liebreich auf ihren Anbeter blickte; oder wo sie in einem hölzernen Bildniß oder einem Basrelief von Gyps oder Stuck dargestellt war, wie es den Mitteln der frommen Person angemessen sein mochte, welche Stätten der Anbetung an der Landstraße errichtete oder die aus einer mittelalterlichen Vorzeit herrührenden wiederherstellte. Sie befanden sich überall, in bogigen Nischen, oder unter kleinen, mit Ziegel bedeckten Schirmdächern, gerade groß genug, sie zu beschützen; oder vielleicht in irgendeinem Stückchen alten römischen Mauerwerks, oder in der Wand eines Dorfwirthshauses oder Pachthauses, oder in dem Mittelpunkte einer Brücke, oder in der Spalte eines natürlichen Felsens. Es schien dem Bildhauer, als ob Donatello ernster und hoffnungsvoller an diesen Schreinen betete, weil das milde Antlitz der Madonna ihm verhieß, wie eine zärtliche Mutter zwischen den armen Angeklagten und die Schrecken des Gerichtes zu treten.

Es machte in der That einen schönen Eindruck, zu bemerken, wie zärtlich und liebevoll sich die Seelen von Mann und Weib gegen die heilige Jungfrau zeigten, aus Dankbarkeit für die Liebe, welche, wie ihr Glaube sie lehrte, sie ewig für alle menschlichen Seelen hegt. Vor jedem Schrein hingen Opfer von Rosen und andern lieblichen Blumen, wie die Jahreszeit sie lieferte; einige bereits abgemattet und verwelkt, einige noch frisch von den Thautropfen des heutigen Morgens; dann aber auch Blumen, welche, da sie künstlich waren, nie auf Erden blühten, noch je verwelken werden. Es kam Kenyon der Gedanke, daß Blumentöpfe mit lebenden Pflanzen in die Nischen gesetzt oder auch Rosenbäume und alle Arten von blühenden Büschen

unterhalb der Schreine gezogen werden möchten, damit sie sich um sie herum wänden und schlängen; sobaß die Jung=
frau in einer Wölbung von Grün, Blüte und duftender, eine beständig neue Verehrung sinnbildlich darstellender Frische wohne. Es gibt Vieles in den religiösen Gebräu=
chen dieser Leute, was preiswürdig scheint; Vieles wenig=
stens, was zugleich gut und schön sein könnte, wenn der Geist des Guten und das Gefühl für Schönheit jetzt noch so lebendig in den Italienern wären, wie sie gewesen sein müssen, als jene Gebräuche zuerst sich bildeten und an=
genommen wurden. Aber nicht durch frisch gesammelte Blüten und Sträuche, mit den Thautropfen auf ihren Blättern, sondern am besten durch künstliche Blumen ist ihre Andacht heutzutage sinnbildlich darzustellen.

Der Bildhauer glaubte überdies (vielleicht aber war es seine Ketzerei, welche diesen Gedanken hervorrief), daß es von bestem Einfluß sein würde, einen bequemen und schattigen Sitz neben jedem am Wege liegenden Schrein zu errichten. Denn der müde und von der Sonne versengte Reisende würde der Jungfrau für ihre Gastfreundlichkeit danken, indem er sich unter ihren schützenden Schatten ausruht. Selbst wenn er sich vielleicht an einem solchen geheiligten Fleck mit dem Wohlgeruch einer Tabakspfeife bewirthete, würde sich der Strauch nicht beleidigender zum Himmel erheben, als der Duft priesterlichen Weihrauchs. Wir thuen uns Unrecht und schätzen das heilige Wesen über uns zu gering, wenn wir glauben, daß irgendein Act des Vergnügens, an sich selbst gut, sich nicht mit der Religiosität vereinigen ließe.

Was immer die Mängel des päpstlichen Systems sein

mögen, so war es doch eine weise und liebenswürdige Gesinnung, welche die häufigen Schreine und Kreuze die Landstraße entlang aufstellte. Kein Reisender, welches weltliche Geschäft er auch betreiben möge, kann verfehlen, bei jeder Meile daran erinnert zu werden, daß dieses nicht das für ihn wichtigste Geschäft ist. Der nach Vergnügen Suchende wird schweigend ermahnt, himmelwärts nach einer Freude zu blicken, welche unendlich größer ist, als das Vergnügen, dessen er sich jetzt erfreut. Der von der Sünde Versuchte erblickt das Kreuz, und ist gewarnt, daß wenn er unterliegt, des Heilands Todesangst für ihn umsonst erlitten gewesen sein wird. Der hartnäckige Verbrecher, dessen Herz lange einem Stein geglichen hat, fühlt es von neuem von Furcht und Hoffnung schlagen; und auf unsern armen Donatello wirkten, wie er so knieend von Schrein zu Kreuz und von Kreuz zu Schrein rutschte, diese Symbole sicherlich in einer Weise, daß er sich dadurch zu einer höhern Buße angeregt fühlte.

Ob der junge Graf von Monte Beni dies wahrnahm oder nicht, es gab mehr als einen Zufall auf ihrer Reise, welcher Kenyon glauben ließ, daß sie durch jemand, der Interesse an ihren Bewegungen nahm, beobachtet oder dicht verfolgt würden. Es schien der Schritt, das schleppende Gewand, der sanft gehörte Athem eines unsichtbaren Gefährten neben ihnen zu sein, während sie ihren Weg verfolgten. Es war wie eine Ausgeburt ihres Schlummers, wie ein Traum, welcher sie zur Tageszeit heimsuchte, wenn seine schattige Substanz in dem zu grellen Lichte weder Dichtigkeit noch Umriß haben konnte. Nach Sonnenuntergang wurde er ein wenig deutlicher.

„Bemerktet Ihr dort zur Linken jenes letzten Schreines," fragte der Bildhauer, als sie unter dem Monde einherritten, „die Gestalt eines knienden Weibes, das sein Gesicht in den Händen verbirgt?"

„Ich blickte nicht dorthin," erwiderte Donatello. „Ich sprach mein Gebet. Vielleicht war es eine Büßerin. Mag die heilige Jungfrau der armen Seele gnädiger sein, da sie ein Weib ist!"

Funfzehntes Kapitel.

Gemalte Fenster.

Nach weiten Wanderungen durch das Thal richteten die beiden Reisenden ihren Ritt gegen dessen hügelige Umgrenzung. Die natürliche Scenerie und die Cultur nahmen sofort einen Charakter an, der von jener der fruchtbaren und lächelnden Ebenen sehr verschieden war. Nicht selten war ein Kloster auf der Hügelseite, oder auf einem vereinzelten Vorsprung eine zerfallene Burg, einst der Schlupfwinkel eines Räuberhäuptlings, welcher gewohnt war, von seiner gebietenden Höhe auf den darunter sich hinwindenden Weg hinabzusprengen. Seit alten Tagen hatten sich von dem zerbröckelnden Castell Stein auf Stein abgelöst und in das finstere Thal zu seinen Füßen gewälzt.

Ihr Weg wand sich unter den Hügeln vorwärts, welche sich von den schmalen Zwischenthälern steil und hoch emporhoben. Sie stellten beständig ihre großen Massen den Reisenden entgegen, als seien sie grimmig entschlossen, ihnen den Durchgang zu verlegen, oder sie schlossen sich jählings hinter ihnen, wenn sie doch vorwärts zu gehen wagten. Oft setzte ein gigantischer Hügel seinen Fuß gerade vor ihnen nieder, und zog ihn nur im letzten Augenblick, wie mit Widerwillen, eben weit genug zurück, um sie einem andern Hinderniß sich langsam nähern zu lassen. In den Tiefen längs dieser rauhen Höhen waren die trockenen Spuren von manchem Bergstrome sichtbar, welcher ein zu ungestümes und leidenschaftliches Leben geführt hatte, als daß es von langer Dauer hätte sein können. Vielleicht auch eilte jetzt ein Bergstrom scheu in der Höhlung eines aus Kieseln und abschüssigen Felsblöcken gebildeten Flußbettes dahin, welches ausgedehnter war, als er nöthig zu haben schien, obgleich nicht zu ausgedehnt für die geschwollene Wuth, welcher dieses scheue Flüßchen zu Zeiten fähig war. Eine Steinbrücke erstreckte sich über ihn, deren mächtige Bogen, unzerstörbar durch dieselben Steine emporgehalten und unterstützt wurden, welche sie zu zermalmen drohten. Alte römische Arbeit war in den Fundamenten dieser massiven Brücke bemerkbar; die erste Last, welche sie je trug, war die eines Heeres der römischen Republik.

Diese Pässe betretend, gelangten sie gewöhnlich zu irgendeiner uralten Stadt, welche den hohen Gipfel eines Hügels mit ihrer Kathedrale, ihren vielen Kirchen und öffentlichen Gebäuden, alle von gothischer Bauart, krönte. Mit nicht mehr flachem Boden als einer einzigen Piazza in der Mitte, streckte die alte Stadt ihre gekrümmten und engen Straßen die Bergseite hinunter, längs welcher gewölbte Durchgänge und Steinstufen hinabführten. Der Anblick von Allem war ehrfurchtgebietend alt; in seiner Wirkung auf die Phantasie wirklich älter als Rom selbst, weil die Geschichte ihren Finger nicht auf diese vergessenen Gebäube legt und uns alles von ihrem Ursprung erzählt. Etruskische Fürsten mögen in ihnen gewohnt haben. Eintausend Jahre würden auf jeden Fall nur ein Mittelalter für diese Gebäude scheinen. Sie sind von solchen ungeheuren Quadern erbaut, daß ihr massives, derbes Aussehen den Beschauer mit dem Gedanken niederdrückt, daß sie nie einstürzen, nie zerbröckeln, nie für menschliche Wohnungen weniger passend sein können, als sie es auch jetzt sind. Viele von ihnen mögen einst Paläste gewesen sein, und machen noch den Eindruck unsauberer Größe. Aber ein Blick auf sie lehrt uns, wie wenig wünschenswerth es ist, den Aufenthaltsort unserer kurzen Lebenszeit aus unvergänglichem Material und mit der Absicht zu bauen, daß künftige Generationen darin wohnen werden.

Alle Städte sollten dazu fähig gemacht werden, innerhalb jeden halben Jahrhunderts durch Feuer oder Verfall gereinigt werden zu können. Andern Falls werden sie die erblichen Schlupfwinkel von Unrath und schädlichem Gewürm. Es ist schön und schmeichelt ohne Zweifel einigen unserer angebornen Triebe, uns zu denken, daß unsere ferne Nachkommenschaft unter demselben Dache wohnen wird, wie wir. Doch wenn die Menschen darauf bestehen, unzerstörbare Häuser zu bauen, so setzen sie sich oder ihre Kinder einem Unglück aus, das dem der Sibylle ähnlich ist, als sie das traurige Geschenk der Unsterblichkeit erhielt. Wohl können wir fast unvergängliche Wohnungen erbauen, aber wir vermögen nicht, sie davon abzuhalten, alt, dumpfig, ungesund, traurig, erfüllt von Todtengeruch, Gespenstern und Mordflecken zu werden; kurz, Wohnungen, wie man sie überall in Italien sieht, mögen es Hütten oder Paläste sein.

„Ihr solltet mit mir nach meinem Heimathsland gehen," bemerkte der Bildhauer zu Donatello. „Denn dort hat jede Generation nur ihre eigenen Sünden und Sorgen zu tragen. Hier scheint es, als ob die ganze müde und traurige Vergangenheit dem Rücken der Gegenwart aufgebürdet sei. Wenn ich in diesem Lande meinen Muth verlieren — wenn ich hier irgend ein schweres Unglück erleiden sollte — so würde es mir, glaube ich, unter solch widerwärtigen Einflüssen unmöglich sein, mich wieder aufzurichten."

„Der Himmel selbst ist jetzt ein altes Dach," antwortete der Graf; „und kein Zweifel, die Sünden der Menschheit haben ihn finsterer gemacht, als er zu sein pflegte."

„O, mein armer Faun," dachte Kenyon für sich, „wie bist Du verändert!"

Eine Stadt, wie diese, von welcher wir sprechen, gleicht einer Art steinigen Auswuchses aus der Hügelseite oder einer versteinerten Stadt. Ein Erdbeben bietet die einzige Möglichkeit, daß sie noch mehr zertrümmert werden könnte, als sie bereits ist.

Doch, obgleich für all die Zwecke todt, denen wir heutzutage leben, hat der Platz doch seine glorreichen Erinnerungen und nicht nur rohe und kriegerische, sondern Erinnerungen glänzender und milder Triumphe, deren Früchte wir noch genießen. Italien besitzt manche solcher erstorbenen Städte, welche jede vor vier oder fünf Jahrhunderten die Geburtsstätte ihrer eigenen Kunstschule war; auch haben die Einwohner noch jetzt nicht vergessen, auf die dunkeln, alten Gemälde und die verblichenen Frescomalereien stolz zu sein, deren vormalige Schönheit ein Licht und eine Freude für die Welt war. Aber jetzt, wenn man nicht zufällig ein Maler ist, versetzen uns diese berühmten Werke in eine Art fürchterlicher Verzweiflung. Sie sind nur arme, finstere Gespenster dessen, was sie waren, als Giotto und Cimabue sie zuerst erschufen; sie sind in unsern Tagen so in ein Nichts hingeschwunden, daß kaum eine Andeutung von Zeichnung oder Ausdruck durch das Dunkel bringen kann. Jene alten Künstler thaten wohl daran, ihre Frescobilder zu malen. An den Kirchenmauern glänzend, durften sie als Symbole des lebendigen Geistes betrachtet werden, welcher den Katholicismus zu einer wahren Religion machte und ihn verherrlichte, so lang er ein ursprüngliches Leben behielt; sie füllten die Kirchenflügel mit einem glänzenden Gewühl von Heiligen und Engeln und warfen um den hohen Altar einen schwachen Widerschein einer göttlichen Gegenwart, so viel Sterbliche davon sehen oder vertragen konnten. Aber jetzt, wo die Farben so traurig verdunkelt sind, jetzt wird der beste Künstler nach Cimabue oder Giotto oder Ghirlandaio oder Pinturicchio derjenige sein, welcher ihre zerfallenen Meisterstücke pietätvoll mit Tünche überdecken wird.

Kenyon jedoch, dieser ernste Kunstschüler und Kunstkritiker, hielt sich lange vor diesen ehrwürdigen Ueberresten auf, und Donatello in seinem gegenwärtigen Bußzustande hatte nichts Eiligeres zu thun, als vor einem Altar zu knien. Wenn sie daher unterwegs eine Kathedrale oder gothische Kirche fanden, waren beide Reisende zugleich entschlossen, einzutreten. In einigen dieser heiligen Gebäude sahen sie Bilder, welche die Zeit nicht verdunkelt, noch im Geringsten beschädigt hatte, obgleich sie vielleicht zu einer eben so alten Schule der Kunst gehörten, als diejenigen, welche der Vernichtung anheim gefallen waren. Es waren dies die gemalten Fenster, und so oft als er sie erblickte, segnete der Bildhauer die mittelalterliche Zeit und ihre prachtvollen Erfindungen voll Glanz und Licht, denn sicher haben der Geist und die Kunst des Menschen nie eine Schönheit oder Glorie erschaffen oder erdacht, welche werth wäre, mit dieser verglichen zu werden.

Es ist der besondere Vorzug des gemalten Glases, daß das Licht, welches bei andern Gemälden nur auf die Außenseite fällt, hier durch das ganze Werk gegossen ist; es durchleuchtet die Zeichnung und sättigt sie mit einem klaren Glanze; und zum Dank verwandeln die unverwelklichen Farben das gewöhnliche Tageslicht, während es durch die himmlische Substanz der heiligen und engelhaften Gestalten bringt, welche das hochgewölbte Fenster erfüllen, in ein Wunder von Reichthum und Glorienschein.

„Es hat etwas Trauriges," rief Kenyon, während eines jener schwachen, aber dauernden und unvergänglichen Bilder seine Farben auf sein Gesicht und auf das Pflaster der Kirche um ihn her breitete, — „es ist ein trauriges Schicksal, wenn eine christliche Seele von der Erde scheiden sollte, ohne einmal ein gemaltes, von der hellen italienischen Sonne durchglühtes Fenster gesehen zu haben! Es gibt kein anderes so treues Sinnbild der Herrlichkeit einer besseren Welt, wo ein himmlischer Glanz allen Dingen und Personen eigen sein und sie beständig vor den Augen Aller durchsichtig erscheinen lassen wird."

„Aber welch ein Entsetzen würde es sein," sagte Donatello traurig, „wenn eine Seele unter ihnen wäre, durch welche das Licht nicht ergossen werden könnte."

„Ja, gewiß; und vielleicht wird es eine Strafe der Sünde sein," erwiderte der Bildhauer; „nicht daß sie dem Universum deutlich gemacht werden soll, welches durch eine Kenntniß dieser Art nichts gewinnen kann, sondern daß sie die Sünder von jeder erquickenden Seelengemeinschaft ausschließt, indem sie ihn für das Licht unempfänglich und deshalb in der Behausung himmlischer Einfachheit und Wahrheit unerkennbar macht. Was bleibt dann für ihn übrig als die Trostlosigkeit einer unendlichen und ewigen Verlassenheit?"

„Das würde in der That ein entsetzliches Schicksal sein!"

Als Donatello diese Worte sprach, hatte seine Stimme einen hohlen und traurigen Klang, als ob er eine solche durchschauernde Einsamkeit voraus empfände. Eine Gestalt in einem dunklen Gewande lauschte in der Dämmerung einer Seitenkapelle dicht dabei, und machte eine rasche Bewegung vorwärts, zögerte aber, als Donatello weiter sprach:

„Aber es könnte eine schrecklichere Qual geben, als die, für ewig einsam zu sein. Denkt Euch einen einzigen Gefährten in der Ewigkeit zu haben, und anstatt irgend einen Trost oder doch Abwechselung der Qual zu finden, Eure eigene, schwere, schwere Sünde in dieser unzertrennlichen Seele wiederholt zu sehen."

„Ich glaube, mein lieber Graf, Ihr habt nie Dante gelesen; und doch ist dieser Gedanke etwas in seinem Stile, aber ich kann nicht umhin, zu bedauern, daß er Euch gerade jetzt in den Sinn kam."

Die dunkel gekleidete Gestalt war zurück gefahren, und dem Auge völlig unter dem Schatten der Kapelle entschwunden.

„Es gab einen englischen Dichter," fuhr Kenyon fort, indem er sich wieder gegen das Fenster wendete, „welcher von dem „düstern religiösen Lichte" spricht, das durch gemalte Fenster hindurchschimmert. Ich bewunderte immer diesen charakteristischen Ausdruck; aber, obgleich er einmal in Italien war, zweifele ich, ob Milton je irgend ein anderes sah als jene schmuzigen Bilder in den staubigen Fenstern von englischen Kathedralen, die das graue Tageslicht Englands nur undeutlich erkennen läßt. Er würde sonst das Wort „düster" mit irgend einem Beiwort erhellt haben, welches die Düsterniß zwar nicht vertreiben, aber sie wie von einer Million von Rubinen, Saphiren, Smaragden und Topasen erglühen lassen würde. Verhält es sich nicht so mit jenem Fenster? Die Bilder sind an sich höchst glänzend, doch düster aus Zartheit und Ehrfurcht, weil Gott selbst durch sie hindurchscheint."

„Die Gemälde erfüllen mich mit tiefer Erregung, doch nicht mit solcher, wie Ihr zu empfinden scheint. Ich zittere vor diesen Ehrfurcht gebietenden Heiligen, und am meisten vor der Gestalt über ihnen. Sie erglüht vor göttlichem Zorn!"

„Mein lieber Freund," rief Kenyon, „wie sonderbar Eure Augen den Ausdruck der Gestalt auffassen! Es ist göttliche Liebe, nicht Zorn."

„In meinen Augen," versicherte Kenyon hartnäckig,

„ist es Zorn, nicht Liebe! Jeder muß es sich selbst deuten."

Die Freunde verließen die Kirche, und von außen nach dem Fenster emporblickend, welches sie eben von innen betrachtet hatten, war nichts außer den blosen Umrissen dunkler Gestalten sichtbar. Weder die individuelle Aehnlichkeit der Heiligen, der Engel oder des Heilands, und noch weit weniger der zusammenhängende Plan und Sinn des Gemäldes konnten irgendwie herausgefunden werden. Dieses Wunder von strahlender Kunst war von hier aus gesehen um nichts besser, als eine unbegreifliche Dunkelheit, ohne einen Schimmer von Schönheit, der den Beschauer zu dem Versuche hätte bewegen können, sie zu enträthseln.

„Alles dies," dachte der Bildhauer, „gibt ein schlagendes Gleichniß von der verschiedenen Ansicht der religiösen Wahrheit und der heiligen Geschichte, ob man sie nun entweder von der warmen, innern Seite des Glaubens, oder von seiner kalten und traurigen Außenseite betrachtet. Der christliche Glaube ist eine große Kathedrale mit göttlich gemalten Fenstern. Außenstehend erblickt ihr keine Glorie; innenstehend offenbart jeder Lichtstrahl einen unaussprechlich harmonischen Glanz."

Nachdem sodann Kenyon und Donatello aus der Kirche getreten waren, hatten sie geeignetere Gelegenheit für Handlungen der Liebe und Wohlthätigkeit, als für religiöse Betrachtungen; indem sie sofort von einem Schwarm Bettler umgeben waren, welche die gegenwärtigen Besitzer von Italien sind und den den Fremden abgepreßten Raub mit den Fliegen und Mosquitos, ihren fürchterlichen Bun=

bebgenoffen theilen. Diese Seuche — die menschliche — hatte die beiden Reisenden auf jeder Station ihrer Reise heimgesucht. Von Dorf zu Dorf drängten sich zerlumpte Knaben und Mädchen fast unter die Füße der Pferde; grauhaarige Großväter und Großmütter wurden ihrer kaum ansichtig, als sie schon herbeihinkten, um irgend eine gute Gelegenheit zum Betteln abzulauern; Frauen hielten ihre ungewaschenen Säuglinge empor; Krüppel zeigten ihre hölzernen Beine, ihre schmerzlichen Narben, ihre baumelnden, knochenlosen Arme, ihre verkrüppelten Rücken, ihre unförmigen Höcker, oder was die Vorsehung ihnen sonst für eine Verkrüppelung oder Gebrechlichkeit als ein Besitzthum zuertheilt hatte. Auf dem höchsten Bergesgipfel, in der schattigsten Schlucht wartete ein Bettler auf sie. In einem kleinen Dorfe machte sich Kenyon das Vergnügen, zu zählen, wie viele Kinder um Almosen weinten, jammerten und heulten. Er zählte mehr als vierzig solcher kleiner Sprößlinge, zerlumpter und schmuziger als irgendwelche in der Welt. Und neben ihnen streckten das ganze Heer runzlicher Matronen, die meisten der Dorfmädchen und selbst nicht wenig rüstige Männer ihre Hände aus, mürrisch, kummervoll oder schmunzelnd in der vergeblichen Hoffnung auf irgendeine Kleinigkeit von der Münze, welche in den bereits so fürchterlich besteuerten Taschen zurückgeblieben sein möchte. Wäre es ihnen erlaubt gewesen, so würden sie mit Freuden niedergekniet sein und die Reisenden angebetet oder sie, ohne sich von ihren Knien zu erheben, verflucht haben, wäre das erwartete Geschenk nicht gespendet worden.

Und doch waren sie nicht so kümmerlich arm; denn

was die Nahrung betrifft, so hatten sie wenigstens Gemüse in ihren kleinen Gärten, sie hielten kleine Schweine und Hühner zum Schlachten, sie hatten Eier, um sie zu Omeletten mit Oel zu backen, Wein zu trinken, und manche andere Dinge, das Leben angenehm zu machen. Was die Kinder anlangt, so begannen sie, wenn keine kleine Münze mehr vorhanden zu sein schien, zu lachen, zu spielen, ein Rad zu schlagen und sich überhaupt als fröhliche, lebhafte kleine Bälge zu zeigen, die augenscheinlich so wohl genährt waren als möglich. Die Wahrheit ist die, daß das italienische Bauernvolk auf die Fremden als die Almoseniere der Vorsehung blickt, und deshalb nicht mehr Scham empfindet, um Almosen zu bitten und welche zu erhalten, als es von der göttlichen Wohlthätigkeit in welcher Form immer einen Vortheil zu ziehen weiß.

Seiner Natur gemäß war Donatello immer ausgezeichnet liebreich gegen diese zerlumpten Haufen und schien einen gewissen Trost in den Gebeten zu finden, welche viele von ihnen zu seinem Frommen emporschickten. In Italien wird eine Kupfermünze von geringem Werth oft den ganzen Unterschied zwischen einer rachsüchtigen Verwünschung — „daß Dich der Schlag treffe!" ist die liebste — in einer alten Hexe zahnlosem Mund, und einem Gebet von denselben Lippen machen, letzteres so ernst, daß es die mildthätige Seele wenigstens mit einem Hauch dankbaren Athems, ihr himmelwärts zu helfen, zu belohnen scheint. Gute Wünsche sind ja so wohlfeil, obgleich möglicherweise nicht sehr wirksam, und Flüche so vorzüglich bitter — selbst wenn der größere Theil ihres Giftes in dem Mund, welcher sie hervorstößt, zurückbleibt — daß es weise sein mag,

einen ziemlichen Betrag zur Erlangung des Ersteren aus=
zugeben. Donatello that es beständig; und als er seine
Almosen unter den gemalten Fenstern vertheilte, von wel=
chen wir gesprochen haben, erhoben nicht weniger als sieben
alte Frauen ihre Hände, und flehten Segnungen auf sein
Haupt herab.

„Kommt," sagte der Bildhauer, sich über den glück=
licheren Ausdruck in dem Gesicht seines Freundes freuend,
„ich glaube Euer Pferd wird heute nicht mit Euch strau=
cheln. Jede dieser alten Damen sieht der atra cura des
Horaz so ähnlich, als man sich nur denken kann; aber
obgleich es ihrer sieben sind, werden sie Eure Last auf dem
Pferde leichter, anstatt schwerer machen."

„Werden wir noch weit reiten?"

„Eine mäßige Reise zwischen jetzt und morgen Mittag,"
erwiderte Kenyon; „denn ich beabsichtige zu dieser Stunde
bei der Statue des Papstes auf dem großen Platze von
Perugia zu stehen."

Sechzehntes Kapitel.
Markttag in Perugia.

Perugia auf seiner hohen Hügelspitze war von den beiden Wanderern erreicht worden, bevor die Sonne die frühe Frische des Morgens völlig hinweggeküßt hatte. Seit Mitternacht hatte ein starker Regen der grünen und fruchtbaren Gegend, in deren Mitte diese alte Stadt sich erhebt, unendliche Erfrischung gebracht, sodaß Kenyon, als sie an die graue Stadtmauer gelangten, langsam weiter ritt, um die schöne Aussicht der sonnigen Wildniß, welche unten lag, recht zu genießen. Sie war so grün, wie Englands Fluren, und so glänzend, wie dies nur Italien ist. Da lag das weite Thal, sich auf allen Seiten der grasbewachsenen Brustwehren hinabsenkend und ausbreitend, und in der Ferne durch Berge begrenzt, welche in der Sonne zu schlummern schienen, während dünne Nebel und silberne Wolken um ihre Häupter gleich Morgenträumen schwebten.

„Es fehlen noch zwei Stunden an Mittag," sagte der Bildhauer zu seinem Freunde, als sie unter dem Bogen des Stadtthores standen, indem sie auf die Durchsicht ihrer Pässe warteten. „Wollt Ihr mich begleiten, einige bewundernswerthe Frescomalereien von Perugino in Augenschein zu nehmen? Es ist eine Halle in der Börse von nicht umfangreicher Größe, aber mit Malereien bedeckt, die — zu der Zeit, da sie ausgeführt wurden — von solcher Erhabenheit und Schönheit gewesen sein müssen, wie die Welt sie nirgends anders aufzuweisen hat."

„Kalte Frescomalereien zu sehen, verstimmt mich," versetzte der Graf; „es ist ein Schmerz, aber nicht Schmerz genug, um ihn für eine Buße anzusehen."

„Oder wollt Ihr Euch einige Gemälde von Fra Angelico in der Kirche von San Domenico ansehen? Sie sind voll religiöser Wahrheit. Wenn man sie eifrig studirt, ist es, als hielte man eine Unterredung über himmlische Dinge mit einem freundlichen und frommgesinnten Mann."

„Ihr habt mir einige von des Bruders Angelico's Gemälden gezeigt, erinnere ich mich; seine Engel sehen aus, als hätten sie nie den Himmel verlassen; und seine Heiligen scheinen als Heilige geboren zu sein und immer als solche gelebt zu haben. Ich zweifle nicht, daß junge Mädchen und alle unschuldigen Menschen bei dem Anblick solcher frommen Bilder großes Vergnügen und großen Gewinn finden mögen. Aber sie sind nicht für mich."

„Euer Urtheil, glaube ich, hat große moralische Tiefe, und ich erblicke darin den Grund, weshalb Hilda Fra Angelico's Gemälde so hoch schätzt. Nun, wir wollen heute alle solche Dinge bei Seite liegen lassen und in dieser schönen alten Stadt bis Mittag herumstreichen."

Sie wanderten demgemäß hin und her, und verloren

sich in den seltsamen steilen Gängen, welche in Perugia Straßen genannt werden. Einige von ihnen sind wie Höhlen, indem sie ganz mit Bögen überdeckt sind und sich plötzlich in eine unbekannte Finsterniß hinabsenken, die, wenn ihr ihre Tiefen ergründet habt, euch zu einem Tages=licht führen, welches ihr kaum wieder zu sehen hofftet. Hier stießen sie auf zerlumpte Männer und auf von Sorge gebeugte Weiber und Mütter aus dem Volke, von welchen einige Kinder an Gängelbändern durch diese düstern und alten Durchgänge führten, wo hundert Generationen hin=durchgegangen waren, ehe diese kleinen Füße von heute sie zu betreten begannen. Von da aus stiegen sie wieder empor, und kamen auf das flache Plateau auf dem Gipfel des Hügels, wo die große Piazza und die hauptsächlichsten öffentlichen Gebäude gelegen sind.

Es war zufällig Markttag in Perugia. Der große Platz bot deshalb ein weit lebhafteres Schauspiel, als er an irgend einem andern Tage der Woche geboten haben würde, obgleich nicht so lebhaft, um die altergraue Feierlichkeit des architectonischen Theiles der Scene vergessen zu machen. In dem Schatten der Kathedrale und anderer alter gothi=scher Gebäude drängte sich, Schutz suchend vor dem Son=nenschein, welcher auf dem übrigen Theil der Piazza nieder=brannte, ein Gewühl von Menschen, als Käufer oder Ver=käufer in dem kleinen Handelsverkehr eines Landmarktes beschäftigt. Krämer hatten Buden und Stände auf dem Pflaster errichtet und sie mit spärlichen Decken überhangen, unter welchen sie standen, indem sie lärmend ihre Waare ausriefen: Schuhe, Hüte, Mützen, Garn, Strümpfe, billige Kleinodien und Messerschmiedewaaren, Bücher, hauptsäch=

lich kleine Bände von religiösem Charakter und wenige französische Novellen; Spielwaaren, Zinnzeug, altes Eisen, Tuch, Rosenkränze von Perlen, Crucifixe, Kuchen, Zuckerbrote, Zuckerpflaumen, und unzählbare kleine Dinge und Sächelchen, welche wir hier nicht weiter nennen wollen. Körbe mit Trauben, Feigen und Birnen standen auf dem Boden. Esel, welche Körbe mit Küchengewächsen trugen und einen bedeutenden Raum beim Hindurchschreiten beanspruchten, stießen ungestüm das Gebräng zur Seite.

Wie gefüllt der Platz auch war, so fand doch ein Gaukler Raum, ein weißes Tuch über das Pflaster auszubreiten und es mit Bechern, Platten, Kugeln, Karten', kurz, dem ganzen Material seiner Zauberei zu bedecken, womit er unter der Mittagssonne Wunder hervorzubringen begann. Eine Straßenorgel hier und eine Clarinette und eine Flöte dort, thaten, was sie konnten, den weiten Raum mit melodischem Geräusch zu erfüllen. Ihr schwacher Lärm wurde indessen durch die durcheinander tobenden Stimmen des Volkes, welches zwecklos aufs tollste feilschte, zankte, lachte und schwatzte, beinahe übertönt; denn die Heiterkeit der Bergluft oder irgend eine andere Ursache machte jedermann so geschwätzig, daß in Perugia an diesem einen Markttage mehr Worte verschwendet wurden, als die geräuschvollste Piazza Roms in einem Monat zu Stande bringen würde.

Köstlich war es, mitten unter all' diesem Getümmel, welches die Augen und das Gehirn verwirrte, dann und wann einen Blick auf die großartige, alte Architektur zu werfen, welche rings den Platz umgab. Das Leben des entfliehenden Augenblicks, in die antike Schale eines vergangenen Zeitalters gefaßt, hat einen Zauber, welchen wir weder in der Vergangenheit, noch in der Gegenwart, sonstwo finden. Es mag unehrerbietig scheinen, die graue Kathedrale und den großen, veralteten Palast zu nöthigen, sich zum Echo des übermäßig lauten Markttagsgeschreis hergeben zu müssen; aber sie thaten es, verliehen dem Schall eine Art von poetischem Rhythmus und blickten nur umso majestätischer, je herablassender sie waren.

An einer Seite befand sich ein unermeßliches Gebäude zu öffentlichen Zwecken bestimmt, mit einer alten Gallerie und mit einer Reihe gewölbter, mit Steinpfosten versehener Fenster, welche seine Fronte entlang liefen; als Eingang hatte es in der Mitte einen kunstvoll aus Stein gearbeiteten gothischen Bogen, der von einem auf den Beschauer mächtig wirkenden Dunkel erfüllt war. Obgleich nur das Rathhaus und die Börse einer verfallenen Landstadt, war dieses Gebäude würdig, in dem einen Theil den Parlamentssaal einer Nation, in dem andern die Gemächer ihres Herrschers zu enthalten. An einer andern Seite des Platzes erhob sich die mittelalterliche Fronte der Kathedrale, welcher die Phantasie eines gothischen Architekten vor langer Zeit einen großen Plan zu Grunde gelegt, dann aber so reiche Detailverzierungen an dem Gebäude angebracht hatte, daß die Größe des Werkes ein geringeres Wunder schien, als die minutiöse Ausführung des Schmuckwerks. Ihr würdet glauben, daß der Künstler den Stein in Wachs erweicht habe, bis seine zartesten Phantasien in dem geschmeidigen Material modellirt waren, und daß er es dann wieder in Stein verhärtet haben müsse. Das Ganze war ein ungeheures Blatt mit gothischen Lettern voll der reichsten und zierlichsten Poesie. In Uebereinstimmung mit dieser ganzen alten Pracht stand eine große Marmorfontaine, an der die gothische Phantasie wieder ihren Ueberfluß und ihre Verschwendung in den vielfachen Sculpturen zeigte, mit denen sie so freigebig war, wie das Wasser mit seinen abwechselnd steigenden und fallenden Strahlen.

Außer den beiden eben beschriebenen ehrwürdigen Gebäuden gab es noch erhabene Paläste, die vielleicht von ebenso altem Datum und, sich Stockwerk über Stockwerk erhebend, mit Altanen versehen waren, von wo vor hunderten von Jahren die fürstlichen Besitzer auf die Belustigungen, das Geschäftstreiben und das Volksgetümmel dort unten auf der Piazza hinabzublicken pflegten. Und ohne Zweifel waren sie so auch Augenzeugen bei der Errichtung einer Erzstatue, welche seit dreihundert Jahren auf dem Piedestal aufgestellt wurde, das sie noch einnimmt.

„Ich komme nie nach Perugia," sagte Kenyon, „ohne soviel Zeit, als ich erübrigen kann, damit hinzubringen, diese Statue des Papstes Julius des Dritten zu studiren. Jene Bildhauer des Mittelalters geben den Jüngern meiner Kunst bessere Lehren, als wir sie in den griechischen Meisterwerken finden können. Sie gehören zu unserer christlichen Civilisation; und wenn ihre Werke ernsthaften Charakters sind, drücken sie stets etwas aus, was wir nicht von der Antike erhalten können. Wollt Ihr sie ansehen?"

„Gern," erwiderte der Graf, „da ich sogar in so weiter Entfernung erkenne, daß die Statue eine Segensprechung ertheilt, und es ist ein Gefühl in meinem Herzen, welches mir sagt, daß es mir vergönnt sein wird, auch meinen Antheil daran zu empfangen."

Der Bildhauer, der sich des gleichen Gedankens erinnerte, welchen auch Miriam kurze Zeit vorher ausgesprochen hatte, lächelte erfreut über diese Uebereinstimmung. Sie nahmen hierauf ihren Weg durch das Gewühl des Marktplatzes und näherten sich dicht dem eisernen Gitter, welches das Piedestal der Statue beschützte.

Es war die Gestalt eines Papstes, in die Gewänder eines Pontifex gehüllt und mit der dreifachen Krone auf dem Haupt. Er saß in einem Sessel von Erz, weit über das Pflaster erhöht, und schien zugleich freundlich und gebieterisch von der geschäftigen Scene Kenntniß zu nehmen, welche in diesem Augenblick unter seinen Augen vorging. Seine rechte Hand war erhoben und ausgestreckt, als sei er eben im Act einer Benediction begriffen, und so klar, so weise und so heiter wohlwollend war dabei das Aussehen des bronzenen Papstes, daß jedermann aus dieser Segensprechung für sein eigenes tiefstes Leid Vertrauen und Hoffnung schöpfte. Die Statue aber hatte sowohl Leben und Geist in sich als patriarchalische Majestät. Ein mit großer Phantasie begabter Beschauer konnte sich wohl der Einbildung hingeben, daß dieser liebreich ehrwürdige Repräsentant der göttlichen und menschlichen Macht, sollte irgendein großes öffentliches Ereigniß seine Vermittelung verlangen, von seinem Erzstuhl aufstehen und das Volk durch seine Geberden oder sogar durch prophetische, einer so erhabenen Gegenwart würdige Aussprüche ermuthigen oder in seine Schranken zurückweisen würde.

Und durch ganze Zeitalter hindurch beobachtete der Papst das tägliche Treiben um seinen Sitz, indem er mit majestätischer Geduld auf das Marktgeschrei und all das läppische Geschwätz hörte, welches das Echo der stattlichen alten Piazza erweckte. Er war der vertraute Freund dieser Menschen und ihrer Vorfahren und Kinder — das vertraute Gesicht von Generationen.

„Des Papstes Segen, glaube ich, hat sich auf Euch niedergesenkt," bemerkte der Bildhauer, nach seinem Freund blickend.

In der That verrieth Donatello's Gesicht einen gesünderen Geisteszustand, als da er in seinem traurigen Thurm brütete. Der Wechsel der Scene, das Abweichen von der Gewohnheit, der frische Strom von allerlei Zufällen, das Gefühl, heimathlos und deshalb frei zu sein, das alles war nicht ohne Einfluß auf unsern armen Faun geblieben; diese Umstände hatten wenigstens eine Reaction hervorgerufen, welche sonst langsamer in ihrem Fortgang gewesen sein möchte. Der helle Tag, das heitere Schauspiel des Marktplatzes, und die aufheiternde Kraft, welche in der Fröhlichkeit so vieler Leute lag, hatten ohne Zweifel ihre angemessene Wirkung auf ein Temperament, das ohnehin von Natur zur Freude bestimmt war. Vielleicht war er sich auch magnetisch einer Gegenwart bewußt, welche früher hinreichte, ihn glücklich zu machen. Was auch der Grund davon gewesen sein mag, Donatello's Augen glänzten von einem heitern und hoffnungsvollen Ausdruck, während er zu dem bronzenen Papst aufblickte und vielleicht der von ihm gespendeten Segenaustheilung all diese guten Einflüsse zuschrieb.

„Ja, mein lieber Freund," sagte er in Erwiderung auf des Bildhauers Bemerkung, „ich fühle den Segen auf meiner Seele."

„Es ist wundervoll," sagte Kenyon mit einem Lächeln, „wundervoll und erfreulich, wie lange die Wohlthätigkeit eines guten Menschen sogar nach seinem Tode mächtig sein kann. Wie groß muß mithin die Wirkung von den Segnungen dieses ausgezeichneten Papstes gewesen sein, während er noch lebte!"

„Ich habe gehört," bemerkte der Graf, „daß ein ehernes Bildniß in der Wüste aufgestellt war, dessen Anblick den Israeliten ihre giftigen und entzündeten Wunden heilte. Warum sollte dieses heilige Bild vor uns nicht eine gleich heilsame Wirkung üben? Eine Wunde ist lange in meiner Seele entzündet gewesen und hat sie mit Gift erfüllt."

„Ich that Unrecht daran, zu lächeln," bemerkte Kenyon. „Es ist nicht meine Sache, die Vorsehung in ihrer Einwirkung auf den menschlichen Geist zu beschränken."

Während sie so standen und sprachen, zeigte die Glocke der benachbarten Kathedrale die Stunde mit zwölf lang nachhallenden Schlägen an, welche sie auf den gefüllten Marktplatz hinabsandte, als ob sie einen und alle mahnte, von des bronzenen Papstes Segen oder von des Himmels Gnade Vortheil zu ziehen, bevor es zu spät sei.

„Hoch Mittag," sagte der Bildhauer. „Es ist Miriam's Stunde!"

Ende des zweiten Bandes.

Leipzig, Druck von Giesecke & Devrient.

www.ingramcontent.com/pod-product-compliance
Lightning Source LLC
Chambersburg PA
CBHW020237170426
43202CB00008B/114